BVT

W0231026

Michael Stürmer verbindet in seiner Geschichte des Deutschen Reichs von 1870 bis 1919 Weltpolitik mit dem Alltagsleben der Menschen, porträtiert Protagonisten und stellt die wichtigsten Errungenschaften der industriellen Revolution vor.

Die Zeit von 1870–1919 war in Deutschland eine Epoche des Aufstiegs, der Ruhelosigkeit und der Veränderung. Unter Bismarck bekämpften die alten preußischen Eliten die Modernisierung. Um die Jahrhundertwende überflügelte das Deutsche Reich Großbritannien als Industriemacht, gleichzeitig blühten Wissenschaft und Künste. Ein Aufstieg begann, der erst durch den Ausbruch des Ersten Weltkrieges gestoppt wurde.

Michael Stürmer ist Professor für Mittlere und Moderne Geschichte an der Friedrich-Alexander-Universität in Erlangen und Autor zahlreicher Bücher, darunter *Das ruhelose Reich* (Siedler Verlag). Er ist Korrespondent der *Welt* und der *Financial Times*.

Michael Stürmer

Das Deutsche Reich
1870–1919

Berliner Taschenbuch Verlag

Deutsche Erstausgabe
April 2002
BvT Berliner Taschenbuch Verlags GmbH, Berlin,
ein Unternehmen der Verlagsgruppe Random House GmbH
Das Buch erschien zuerst 2000 unter dem Titel
The German Empire bei Weidenfeld & Nicholson, a division of
The Orion Publishing Group, Ltd., London
© 2000 Michael Stürmer
Für die deutsche Ausgabe
© 2001 Berliner Taschenbuch Verlags GmbH, Berlin
Alle Rechte vorbehalten
Umschlaggestaltung: Nina Rothfos und Patrick Gabler, Hamburg,
unter Verwendung des Gemäldes »Die Proklamation des Deutschen
Kaiserreiches« (1885) von Anton von Werner (1843–1915)/© Foto AKG Berlin
Gesetzt aus der Minion durch Fotosatz Amann, Aichstetten
Druck und Bindung: Elsnerdruck, Berlin
Printed in Germany · ISBN 3-442-76042-9

INHALT

DANKSAGUNG

Rat in allen Fragen von Stil und Substanz verdanke ich, wie schon für die vorausgehende englische Ausgabe, auch diesmal Sam Hudson in London. Während der Arbeit an diesem Buch genoss ich im akademischen Jahr 1999/2000 die Gastfreundschaft des Wissenschaftskollegs Berlin, Rektor und Stab, und erinnere mich mit Dankbarkeit des anregenden geistigen Klimas im Haus an der Wallotstraße. An der Friedrich-Alexander-Universität Erlangen und Nürnberg, Institut für Geschichte, halfen Monika Frielinghaus und Markus Friedrich, ob es um Bibliotheksdienste ging oder Nachhilfe am Computer.

Michael Stürmer

Vorwort

Conditio Germaniae

In der Altstadt von Koblenz, unweit der Stelle, wo die Mosel in den Rhein mündet, steht die romanische Castor-Kirche, davor ein klassizistischer Brunnen. Oberhalb des Brunnens finden sich zwei Inschriften. Die erste feiert den Durchzug der »Grande Armée« des Kaisers Napoleon auf dem Marsch nach Russland, um die Tyrannei des Zaren zu brechen. Sie ist unterzeichnet »Jules Doazan, Sous-Préfet de la Ville de Coblentz«. Die zweite lautet nur: »Vue et approuvé par Nous, Commandant Russe de la Ville de Coblentz«. Die erste Inschrift datiert vom Sommer 1812, die zweite vom Herbst 1813. Die doppelte Inschrift resümiert die Deutsche Frage.

Deutschland liegt in der Mitte, wo alle Inseln und Halbinseln, die den europäischen Kontinent bilden, mit der eurasischen Landmasse verbunden sind. Ob die Deutschen sich dessen bewusst sind oder nicht: Deutschland bestimmt durch Lage und Geschichte das Schicksal des übrigen Europa. Wem Deutschland gehört und wohin die Deutschen gehören – und zu gehören begehren –, ist daher für alle übrigen Nationen Europas eine Schicksalsfrage. Dies war die *conditio Germaniae*, seitdem das mittelalterliche Europa des Heiligen Römischen Reiches sich aufspaltete in das moderne Europa der Mächte und der Staaten.

Das Alte Reich, das seit den Karolingern seine Legitimation nicht allein in militärischer Macht suchte, sondern auch in *translatio imperii*, der magischen Reichskontinuität zu Rom, war über viele Jahrhunderte Mitte und Schwerpunkt des europäischen Systems. Aber es war niemals die alles beherrschende Macht. Die deutschen Länder – »les Allemagnes«, wie die Zeitgenossen des Kardinal Richelieu zu sagen pflegten – waren immer wieder Schachbrett im Frieden und Schlachtfeld im Krieg jener Mächte, die unterdessen zu Staatssouveränität und Macht über die Weiten der Ozeane aufstiegen. In Europas Mitte suchten sie sich den Rücken freizuhalten. Der deutsche Zustand, seit den Katastrophen des Dreißigjährigen Krieges und dem Frieden von Münster und Osnabrück 1648 *corpus irregulare et monstro simile*, nach den Worten des Staatsrechtsgelehrten Samuel von Pufendorf, war über viele Generationen von einem doppelten Gleichgewicht bestimmt: das Alte Reich, in Staats- und Völkerrecht vertraglich erstarrt, zwischen Kaiser und Reichsständen, Evangelischen und Katholischen, ruhte seitdem in sich selbst und im aufsteigenden europäischen Staatensystem. Deutschland wurde auf diese Weise – Garantiemächte des Zustands von 1648 waren die Sieger Frankreich und Schweden – früher und gründlicher europäisiert als alle anderen Staaten in Europa. So kam es auch, dass die Deutschen erst in Abwehr der Französischen Revolution und der napoleonischen Oberherrschaft sich selbst als politische Nation wahrnahmen: die »verspätete Nation«, wie Ludwig Dehio schrieb, in Europas Mitte. »Am Anfang war Napoleon« – so begann Thomas Nipperdey sein magistrales Werk über Deutschland im 19. Jahrhundert. Tatsächlich kann man in der Landkarte Europas nach 1990 – Deutschlands staatliche Einheit im Rahmen der NATO und begleitet von einem Quantensprung der europäischen Integration – die aufgeklärte moderne Variante eines alteuropäischen Themas erkennen.

Dieses Buch beschreibt Aufstieg und Fall des Deutschen Reiches vom Anfang im französisch-deutschen Krieg von 1870 und 1871 bis zu seinem Untergang in Niederlage und Revolution

1918 und 1919. Otto von Bismarck, der »weiße Revolutionär« – wie ihn die Zeitgenossen nannten –, setzte der europäischen Rolle Deutschlands, wie sie seit 1648 gewesen war, ein Ende, indem er die Länder der Habsburger Monarchie ausschloss, um dreizehn Jahre später, 1879, mit dem deutsch-österreichischen »Zweibund« doch wieder das Band zu knüpfen. So begann die erste deutsche Einheit mit einer Trennung. Der Krieg von 1866, der dies mit der Schlacht bei Königgrätz in Böhmen entschied, zielte nicht auf Vergrößerung, sondern auf Verkleinerung. Nur Preußen wurde um einige annektierte Provinzen (Hannover, Kurhessen, Frankfurt, Nassau) vergrößert. Der Begriff dessen, was Deutschland war, wurde auf das Kleindeutschland der Paulskirche eingeengt – und damit halbwegs akzeptabel für das übrige Europa, außer Frankreich.

Aber auch so blieb die seit 1871 Deutsches Reich genannte staatsrechtliche Verbindung des neuen Großpreußen mit dem alten »Dritten Deutschland« zwischen Rhein, Main und Donau eine Herausforderung für das übrige Europa – und wurde auch so empfunden. »Europe has lost a mistress and won a master«, so lautete die Beschwerde, die man nach 1870/71 in London hörte. Benjamin Disraeli, später Earl of Beaconsfield, sagte im Februar 1871 im House of Commons, der jüngst ausgefochtene Krieg auf dem Kontinent bedeute nichts Geringeres als »the German revolution«:

»Ein Ereignis größer als die Französische Revolution des vergangenen Jahrhunderts. Ich behaupte nicht, es sei dies eine größere oder auch nur gleich große soziale Umwälzung. Was die gesellschaftlichen Folgen sein mögen, liegt in der Zukunft ... Nicht ein einziges Prinzip für die Leitung unserer auswärtigen Angelegenheiten, wie es bis vor

einem halben Jahr von jedem Staatsmann als Leitlinie befolgt wurde, hat noch Geltung. Es gibt keine diplomatische Tradition, die nicht weggefegt wäre. Eine neue Welt ist im Entstehen, neue Kräfte sind am Werk...
Wir pflegten in diesem Hause Debatten zu haben über das Gleichgewicht der Macht. Lord Palmerston, ein eminent praktischer Mann, richtete das Staatsschiff und seine ganze Politik darauf aus, ein Gleichgewicht in Europa zu bewahren... Was ist in Wahrheit geschehen? Das Gleichgewicht der Macht ist vollständig zerstört, und das Land, das am meisten darunter leidet und die Rückwirkungen dieses Umbruchs am tiefsten spürt, ist England.«

Disraeli, der Tory, war zu dieser Zeit Führer der Opposition, und Oppositionsführer müssen in die Saiten greifen. Aber es gab einen ominösen Ton in seiner Warnung an die Briten, und dieser wurde von Bismarck nicht überhört – dessen Beiname »eiserner Kanzler« seinen heroischen Pessimismus verbarg –, und auch nicht von dessen Nachfolger Graf Leo von Caprivi, General a. D. der Infanterie. Aber am Ende des Jahrhunderts waren die Kulissen des Wiener Kongresses abgeräumt und vergessen, und die alten friedenstiftenden Regeln auch. Weltwirtschaft und Weltpolitik weiteten die europäische Bühne ins Globale. Neue Mitspieler drängten sich ins Konzert der Mächte und erhoben Anspruch auf Veto und Führungsrolle. Die Vereinigten Staaten und das kaiserliche Japan, das sich, wie das China der Mandarine, jahrhundertelang der europäischen Moderne, Handel und Wandel verschlossen hatte, stiegen zu Mächten mit Anspruch auf Weltrang auf. Rohstoffe, Märkte, Kapitalbildung, Forschung und Entwicklung, Stützpunkte, Seewege und Flotten wurden Mittel und Teil nationaler Macht und Identität in Europa und

weltweit – warum sollte Deutschland da eine Ausnahme machen? Bismarck, der die Staatsräson noch verstanden hatte, starb
1898. Er ermahnte die Deutschen und mehr noch den jugendlichen Kaiser, sich nicht wie der Mann zu verhalten, »der, plötzlich zu Geld gekommen, auf die Thaler in seiner Tasche pocht
und jedermann anrempelt«. Aber Bismarck, der weise Mahner,
war nicht weise genug, um dem alldeutschen Wahn seiner Spät-
jahre noch entgegenzutreten. Sein Nachfolger Caprivi, der den
historischen Kompromiss im Innern wie nach außen suchte,
eine offene politische Kultur, fand keine Unterstützung und
konnte sich nicht lange halten.

Warum endete das Kaiserreich im Krieg? War dies, um es in
der Denkfigur der alten Griechen zu sagen, die Nemesis, die der
Hybris folgt? Waren die unausweichlichen Spannungen des
Übergangs von der Agrargesellschaft, wie sie immer gewesen
war, zum immerwährenden Wandel der Industriegesellschaft
unkontrollierbar? Oder wurde Deutschland von seiner Lage
überfordert, die Politiker ignorant vor der Tatsache, dass
Deutschland zu stark geworden war für das alte Gleichgewicht,
doch nicht stark genug, ein neues zu definieren, wie Castlereagh
zu Wien 1814/15, und durchzusetzen? War der deutsche Militarismus, von Soldaten- und Matrosenspielen bis hin zum militärischen Ausnahmezustand, von fatalerer Art als französischer
Chauvinismus, russischer Expansionismus oder britischer Imperialismus und Music-Hall-Jingoismus? Wahrscheinlich war es
so, dass Deutschlands schneller Aufstieg zu Weltrang die geschichtliche und strategische Imagination der politischen Eliten
überforderte. Die Siege stiegen den Deutschen zu Kopf, es sollte
immer »Sedantag« sein, und die Machteliten waren befangen im
alten kontinentalen Denken, während doch, wie Admiral Mahan
noch vor der Jahrhundertwende die Amerikaner erinnerte, das

Geheimnis der Weltmacht in Seemacht lag. Des Kaisers knaben-
haft-leichtfertiges Spiel mit Schlachtflottenbau und maritimer
Strategie aber konnte nur im Desaster enden. Es war der Groß-
industrielle Walther Rathenau, der nicht lange vor Ausbruch des
Großen Krieges feststellte, die Deutschen kennten wohl die
Landkarte, aber der Globus sei ihnen fremd.

In der Lebensspanne einer einzigen Generation war Deutschland fähig, die erste Industrie- und Handelsmacht des Kontinents zu werden, in Schlüsselbereichen vor Großbritannien und
gleichauf mit den USA. Bismarcks Revolution von oben hatte,
ähnlich der Französischen Revolution zuvor, unerhörte Energien
entfesselt. Die industrielle Leistung stand hinter keinem Konkurrenten zurück und wurde begleitet vom frühen Aufstieg des
Sozialstaats ebenso wie von demokratischen Institutionen und
Bestrebungen; vom Aufstieg einer sozialistischen Neben- und
Gegenkultur und einer großbürgerlichen Leistungselite, die,
getrieben von nervöser Energie und dem von Schumpeter be-
schriebenen Drang zur schöpferischen Zerstörung, ihrer selbst
ungewiss blieb. An der Wende zum 20. Jahrhundert war in vielen Teilen der Welt Deutsch Sprache der Wissenschaft. Seit 1902
gingen die meisten Nobelpreise an deutsche Wissenschaftler. Die
deutsche Industrie war leistungsfähiger als die der meisten Konkurrenten, ausgenommen die USA. Das System der Universalbank, das die deutschen Privatbankiers Frankreich abgeschaut
hatten, war im Investmentbanking eindeutig überlegen.

Deutsche Universitäten wurden Vorbild für die Organisation von Forschung, Lehre und Praxisnähe in vielen Teilen der
Welt, von Nordamerika über Japan bis in die Türkei. Wenn am
»fin de siècle« die französischen Impressionisten die Welt der
Malerei veränderten, so wurden seitdem die deutschen Kunst-
bestrebungen, von der »Brücke« über den Jugendstil bis zur

»Neuen Sachlichkeit«, wegweisend für die Welt. In der Literatur waren es Theodor Fontane, Gerhart Hauptmann und Thomas Mann – die beiden Letzteren Träger des Nobelpreises für Literatur –, die Drama und Widerspruch der industriellen Gesellschaft am sensibelsten Ausdruck gaben. Ein Brief an den Herausgeber der London »Times« vom August 1914 resümierte, was damals verloren ging: »Wir sehen in Deutschland eine Nation, die in Naturwissenschaft und Geisteswissenschaft führt, und wir alle haben gelernt von deutschen Gelehrten und lernen weiterhin.«

Ob es so war, dass der deutsche Herrschaftsrahmen zu autoritär und modernitätsfeindlich war, um Deutschland und den Deutschen die Entwicklung zu offener Gesellschaft und liberaler Politik zu gestatten? Wer die Jahrzehnte des großen Umbruchs an der Jahrhundertwende betrachtet und die europäischen Nationen vergleicht, der findet Unterschiede, aber sie sind schwerlich groß genug, den Ausbruch des Weltkrieges und die Katastrophe Europas als Glaubenskrieg und Krieg der Systeme zu begreifen. Das wurde erst im Verlauf des Krieges durch die aufpeitschende Propaganda daraus gemacht, die für ein so großes Leiden eine hinreichende Erklärung zu geben hatte. Der Krieg bleibt ein Rätsel, auch wenn längst Bibliotheken gefüllt sind mit Deutungen und Beschreibungen. Vielleicht brach er aus, weil dem Genius der Europäer nach allem, was erreicht war, nur noch ein einziges Werk zu tun übrig blieb, das der eigenen Zerstörung. Es war der Rationalismus, der den Krieg berechnete und zugleich ausschloss, und es war, wie Stefan Zweig schrieb, das jugendliche Kraftgefühl, das den Krieg als äußerstes Maß der Macht heimlich suchte. Der Große Krieg war, während jede einzelne Nation rationale Gründe hatte, sich hineinzustürzen, aufs Ganze gesehen absurd. Denn auch der größte Sieg würde niemals zurückbringen, was alle Beteiligten in den ersten

Tagen und Wochen verloren. Ein großer und sinistrer Meisterplan, eine Strategie deutscher Hegemonie? Dafür gilt das Wort
des älteren Moltke: Alle strategische Planung reiche nur bis zur
ersten Feindberührung. Danach komme »nichts als ein System
von Aushülfen«.

Hybris und Nemesis, die hässlichen Schwestern, waren am
Ende die Sieger. Der Große Krieg, auf den Europa so lange ge-
wartet und sich vorbereitet hatte, kam ganz anders, als in allen
Generalstäben und diplomatischen Kanzleien vorhergesehen.
In all seiner Zerstörung beförderte er indes auch das Werk der
Frauenemanzipation, wiewohl auf die brutalste Weise, der De-
mokratisierung und der Nationenbildung. Aber aus dem totalen
Krieg entstand auch, in seiner Doppelgestalt des Bolschewismus
und des Faschismus / Nationalsozialismus, der moderne Totali-
tarismus. Die Tragödie Europas aber war, in Europas Mitte, auch
die Tragödie Deutschlands.

Das deutsche Kaiserreich indes war nicht nur Vorspiel und
Ouvertüre. Denn von 1871 bis 1914 ist viel geschehen, und der
Student der Geschichte muss wissen, dass vieles auch anders
hätte kommen können. Davon handelt dieses Buch.

I. TRIUMPH IN VERSAILLES

Der gewaltige Palast von Versailles, einen Tagesritt westlich der Stadt Paris, hatte seit bald einem halben Jahrhundert nicht mehr so viel Glanz und prachtvolle Uniformen gesehen. Da gab es einige feierlich gestimmte Herren im Frack, aber die Masse der Versammelten waren hohe Offiziere in Siegerlaune – bunt uniformiert, ordensgeschmückt, mit goldenen Epauletten, die rechte Hand am Degenknauf, in der linken den federgeschmückten Helm. Dies war die Blüte der regierenden deutschen Aristokratie, dazu einige Senatoren aus den drei verbliebenen Freien Städten im Norden Deutschlands und eine Hand voll Mitglieder des Reichstags, versammelt, um der Proklamation des – wie sich die Geschichte erwies – letzten europäischen Kaiserreichs beizuwohnen. Man schrieb den 18. Januar 1871, auf den Tag genau 170 Jahre nach der Selbstkrönung des Kurfürsten von Brandenburg und Supremus Dux in Prussia im fernen Königsberg zum »König in Preußen«.

Wer etwas von römischer Geschichte wusste, musste sich erinnert fühlen an das Prinzip *exercitus facit imperatorem*: Das Militär macht den Kaiser. Versailles war in der Tat zum Feldlager der deutschen Alliierten geworden, vereinigt wie nie zuvor durch den Sieg über den Kaiser der Franzosen Napoleon III. Vier Monate zuvor war er samt seiner Hauptarmee bei der Maasfestung Sedan gefangen genommen worden, inzwischen auf Schloss Wilhelmshöhe bei Kassel in Haft. Die Spiegelgalerie des Sonnenkönigs, wo die hohen Herren versammelt waren, hatte noch wenige Wochen zuvor den Preußen als Spital gedient. Auch setzte sich der Krieg noch fort, den die Republik »à outrance« zu führen versprochen hatte und doch längst zu beenden bemüht war, weil nun der dritte Krieg in einem drohte, der gegen das aufständische Paris der

Commune. So stand der Frieden zwischen dem neuen Deutschen Reich und der neuen Französischen Republik schon in
Aussicht. Dieser Friede würde bitter sein für Frankreich, das die
unter Ludwig XIV. eroberten Provinzen Elsass und Lothringen
verlor, die alsbald als »Reichslande« einen halbkolonialen Status
unter Berliner Verwaltung bekamen, und sehr kostspielig dazu.
Denn die Sieger verlangten fünf Milliarden Goldfrancs, und bis
zur endgültigen Abzahlung würde es deutsche Besatzungstrup-
pen in Ostfrankreich geben. Aber dieser Friede sollte sich auch
für Deutschland als bitter erweisen. Bismarck lernte bald –
»Frankreich ist unmöglich« –, dass es *mit* einem auf Rache sin-
nenden Frankreich ein europäisches System, wie das von Wien
1815, nicht gab, und *ohne* Frankreich erst recht nicht.

Frankreich, seit 1866 auf der Suche nach »revanche pour
Sadowa« – der Name eines Dorfes nahe der für französische
Zungen unaussprechlichen Elbfestung Königgrätz –, hatte sich
im Sommer zuvor in den Krieg gestürzt. Das geschah durchaus
gegen das bessere Wissen Napoleons III. Außenpolitisch ging
es darum zu verhindern, dass Preußen, längst Vormacht in
Deutschland, anstelle von Frankreich Vormacht in Europa
wurde. Im Grunde sollten der preußische Sieg von 1866 und die
Neuordnung der europäischen Mitte rückgängig gemacht und
den Preußen eine Lehre erteilt werden, wie anno 1806. Seit
Jahrhunderten erschien ein starkes Frankreich ebenso gottge-
geben wie ein schwaches Deutschland. Seit Franz I. gab es den
Anspruch in Paris, dass in Deutschland nichts Wesentliches geschehen dürfe ohne französische Zustimmung. Am preußisch-
österreichischen Krieg 1866 hatte Frankreich nicht teilgenom-
men, weil alles, wie im Duell, schnell und abschließend geregelt
war. Aber die liberale Parlamentsmehrheit und die Hauptstadt-
presse spielten die Frage hoch, um den Kaiser und seine Un-

fähigkeit zu siegen vorzuführen. Das war die innenpolitische Seite der Kriegshetze, und sie ging an den Nerv des populären Kaisertums.

Diese Mischung aus Historie und Oppositionstaktik kam zum Siedepunkt, als die spanischen Cortes einem Hohenzollernprinzen aus der halb vergessenen süddeutsch-katholischen Nebenlinie die verwaiste spanische Krone anboten. Das Reich des Habsburgerkaisers Karls V., dem die Sonne nicht unterging, wähnte man in Paris wieder im Entstehen. Bismarck spielte mit der spanischen Thronkandidatur, wohl wissend um ihre Belanglosigkeit, außer für Frankreichs Innenpolitik. Als der preußische König längst abgewinkt hatte und auf der Promenade in Bad Ems dem französischen Botschafter Graf Benedetti, der dies bestätigt hören wollte, bedeutete, es gebe dazu weiter nichts zu sagen, kam es in einem bizarren Reflex zur französischen Kriegserklärung an Preußen.

Das war es, was der deutschen Einheit noch fehlte: eine diplomatische Krise, die Aufwallung des Krieges, die Heiligung der Nation durch Blut. Bismarck hatte die »Emser Depesche« so zusammengestrichen, dass, wie er in den »Gedanken und Erinnerungen« berichtete, »aus einer Chamade eine Fanfare« wurde. Es folgten: blitzschneller Aufmarsch, souveräne Nutzung von Eisenbahn und Telegraf, die Einkesselung der französischen Hauptarmee bei Sedan, die Entgegennahme der französischen Kapitulation; dann der Krieg der Republik an der Loire und – im stillen Einvernehmen – die gemeinsame Aktion gegen die aufständische Stadt Paris, welche die Deutschen belagerten und die Truppen der Republik niederwarfen.

Während all dies noch nicht abgeschlossen war, erfolgte die Kaiserproklamation im Königsschloss von Versailles, das seit dem Bürgerkönig Louis Philippe ein Museum war, »à toutes les

gloires de la France«. Es war, im Wortsinn, eine weit hergeholte
Idee, den deutschen Kaiser so fern von Deutschland auszurufen.
Aber wo hätte man sonst hingehen sollen, ohne in Verlegenheit
zu geraten? In Berlin die Sache zu inszenieren, hätte das auf dem
Papier der Verfassung gleichberechtigte Bündnis der Fürsten
und Freien Städte offen gelegt als das, was es in Wahrheit war, die
erweiterte preußische Militärmonarchie. Auch wären unange-
nehme Erinnerungen wachgerufen worden daran, dass noch ein
Jahrhundert zuvor der Kurfürst von Brandenburg – und »König
in Preußen« – nichts gewesen war als einer der Kurfürsten, welche die »Sieben Säulen des Reiches« bildeten. Berlin, das wäre für
alle, die dem Alten Reich nachtrauerten – und deren gab es im
Westen und Süden Deutschlands viele, namentlich Katholiken –,
eine Art von Staatsstreich gewesen. Frankfurt aber, »des Heiligen
Römischen Reiches Silber- und Goldloch«, war zu eng verbunden
mit den mittelalterlichen Kaisern, die in der gotischen Kathedrale
gekrönt worden waren, zuletzt Joseph II. aus dem Hause Habsburg. Frankfurt aber war auch die Stadt der Paulskirche und der
Volkssouveränität, der dem Preußenkönig Friedrich Wilhelm IV.
angebotenen und höhnisch zurückgewiesenen Kaiserkrone von
Parlaments Gnaden – »aus Dreck und Letten gebacken«. Hier
hausten noch die Gespenster des »tollen Jahres« 1848/49, als alle
Throne wankten, der Bürgerkrieg in Berlin, Sachsen, Baden und
der Pfalz tobte und als der hohe Herr, der jetzt Kaiser werden
sollte, als »Kartätschenprinz« auf der Flucht war.

Im Übrigen war die Freie Reichsstadt auch bis 1866 Sitz des
Gesandtenkongresses des Deutschen Bundes gewesen und dann
durch Preußen annektiert und mit einer schweren Kriegskontri-
bution belegt worden. Bismarck hasste die Stadt. Nein, verglichen mit allen Verlegenheiten, die in Deutschland warteten, war
Versailles zu wählen zwar taktlos, aber nahezu zwingend.

Otto von Bismarck, seit 1866 ein Graf und nunmehr ein Fürst, mit der Dotation des Sachsenwaldes unweit Hamburg mehr als ordentlich entlohnt, überließ nichts dem Zufall, weder in der politischen Absicherung noch in der Inszenierung. Die politische Absicherung ging in mühseligen Verhandlungen mit den Süddeutschen vor sich, von denen allein der Großherzog von Baden Enthusiasmus zeigte, während Sachsen, Württemberg und Hessen-Darmstadt resignierten. Nur Bayern suchte noch eine Gegenposition: entweder ein locker gefügtes Gesamtdeutschland oder einen von Preußen geführten Nordbund und einen von Bayern geführten Südbund. Aber Bismarck wollte das Eisen schmieden, solange es heiß war. So willigte er ein, dass Bayern auf dem Papier eine nahezu souveräne Stellung behielt: in Friedenszeiten eigene Armee unter eigenem Oberbefehl, keine Unterwerfung unter den preußischen Belagerungszustand, weitgehende Steuerhoheit, eigene Post und Bahnen und sogar das Recht, diplomatische Vertretungen zu unterhalten. Bismarck erwartete, das Fehlende werde die Zukunft bringen. Nach dem Vertrag mit Bayern schrieb er: »Die deutsche Einheit ist gemacht, und der Kaiser auch.«

Doch die Beitrittsverträge waren eines, die Symbolik von Kaiser und Reich etwas anderes. Die förmliche Krönung des preußischen Königs war undenkbar. Es gab nicht einmal eine Krone, und die in Wien verwahrte Krone aus alten Reichszeiten konnte man schwerlich zur Ausleihe erbitten. Eine neue aber ist nie angefertigt worden. Bis zum bitteren Ende existierte sie nur als künstlerische Skizze, derjenigen Karls des Großen nicht unähnlich, und es gab auch niemanden, der sie auf Wilhelms I. Haupt hätte setzen können. Er selbst war schließlich als preußischer Monarch nach lutherischem Kirchenrecht *summus episcopus*, oberster Bischof. Das Bild Napoleons, der sich am 3. Dezember 1804 selbst mit goldenem Lorbeer, wie einst Cäsar, gekrönt hatte, verbot jede Nachahmung.

Im Übrigen fand Wilhelm I. – nach dem frühen Zeugnis seiner Mutter, der legendären Königin Luise, »einfach, bieder und verständig« – die ganze Inszenierung peinlich. Er wollte, wie er zu Bismarck wegwerfend sagte, keinen »Charaktermajor«: Das war der Titel, den man verabschiedeten Hauptleuten gab, wenn sie »mit dem Charakter als Major« abgingen. Kaiser von Deutschland – darüber hätte er noch mit sich reden lassen. Aber der Titel war wegen der Fürsten unmöglich, die sich als Verbündete verstehen wollten, nicht als Unterworfene. Als Bismarck seinem Monarchen am Morgen des 18. Januar seine Aufwartung machte, sagte dieser vorwurfs- und ahnungsvoll: »Heute tragen wir das alte Preußen zu Grabe.«

Bismarck hätte antworten können, dass es mit dem alten Preußen ohnehin nicht mehr weit her war, seitdem das allgemeine Wahlrecht eine starke Dosis Demokratie hinzugefügt hatte, die Liberalen zum Regieren gebraucht wurden und das Proletariat befriedigt werden musste. Hatten Seine Majestät, so hätte Bismarck allergehorsamst fragen können, 1848 vergessen oder den Verfassungskampf in Preußen, bei dem es um Sein oder Nichtsein der Militärmonarchie gegangen war und der statt im Sieg im Kompromiss geendet hatte? Es war nicht Bismarcks Wahl gewesen, sich auf eine Politik einzulassen, die er noch in seiner stramm konservativen »Olmütz«-Rede im preußischen Abgeordnetenhaus am 3. Dezember 1850 als »Nationalschwindel« abgetan hatte. Diese Rede hatte ihn als Retter empfohlen und in die große Politik gebracht, zuerst als Gesandter am Frankfurter Bundestag. Dort aber hatte er die eine große Lektion gelernt, wie er an seine hochkonservativen Freunde schrieb:

»Wir werden Amboss, wenn wir nichts tun, um Hammer zu werden.« Hammer werden aber hieß, mit dem Nationalismus zu paktieren, die Massen zu gewinnen und das morsche Gebäude des Deutschen Bundes zu zerstören. Wenn Versailles eine Bühne war, so gab es auch einen tragischen Helden.

Wie durch Bismarck instruiert, brachte der Großherzog von Baden – sein Ländchen und sein Titel von Napoleons Gnaden – ein Hoch aus: »Lang lebe Kaiser Wilhelm.« Alle stimmten ein, Degen flogen aus der Scheide, und der König von Preußen nannte sich fortan auch Deutscher Kaiser. Einer aber fiel auf durch seine Abwesenheit, und das war der zweitgrößte Monarch in Deutschland, König Ludwig II. von Bayern. Seine Leidenschaften waren alles andere als militärisch, und Bismarck war nach den Mühseligkeiten der süddeutschen Verhandlungen vermutlich froh, Seine Majestät nicht dabeizuhaben. Ludwig indes hatte sich der *einen* entscheidenden Aufgabe folgsam unterzogen, die kein anderer übernehmen konnte. Er hatte dem Vetter in Preußen die Kaiserwürde schriftlich angetragen. Den Brief hatte Bismarck zur Sicherheit selbst verfasst in seiner energischen Handschrift, und er hatte ihn dem Bayernkönig »untertänigst« vorlegen lassen. Bismarck wusste, dass zu den eigentümlichen Neigungen des bayerischen Königs nicht nur Richard Wagners Musiktheater gehörte – man sagte Ludwig II. auch homoerotische Neigungen nach –, sondern vor allem das Bauen kostspieliger Fantasieschlösser – bis heute eine große Touristenattraktion im Voralpenland, von Herrenchiemsee bis Neuschwanstein. Bismarck wusste aber auch, dass Regierung und Landtag in München streng auf das Geld sahen. So kam es, dass Bismarck als Entgelt für das Unterschreiben des Angebots an Wilhelm I. dem Bayernkönig durch dessen Adjutanten Graf Holnstein fünf Millionen Taler bieten ließ, in bar wenn gewünscht, und zehn Pro-

zent für den gräflichen Übermittler. Das Geld kam aus den Er-
trägen der beschlagnahmten Besitzungen des 1866 abgesetzten
Königs von Hannover. Wie Ludwig II. von Bayern war der letzte
König von Hannover, Georg V., unweise genug gewesen, auf der
falschen Seite in den Krieg zwischen Österreich und Preußen zu
ziehen. Jetzt finanzierte der »Welfenfonds« Ludwigs Lustbar-
keiten und die Proklamation des deutschen Kaisers. Erst im Jahrzehnt nach dem Ersten Weltkrieg wurde diese geheime Transak-
tion aus den bayerischen Staatsarchiven ans Licht gehoben.

Das Deutsche Reich, wie es Preußen auf die Landkarte Europas setzte, hatte es nie zuvor gegeben. Es war die Antithese zu
jenem vormodernen, supranationalen Heiligen Römischen
Reich, das an die tausend Jahre einen zuletzt immer brüchige-
ren Bestand gehabt hatte. Das Alte Reich war eine Fürsten- und
Ständerepublik gewesen unter einem Herrscher, der in den
letzten Jahrhunderten in aller Regel dem Hause Habsburg entstammte und im Südosten seine Hausmacht hatte. Er brauchte,
um gewählt zu werden, die Stimmen der Kurfürsten, die dafür
nicht nur »Handsalben« in Barem verlangten, sondern auch
eine »Wahlkapitulation« zum Unterschreiben vorlegten. Dieses
Reich war Empire weder im französisch-napoleonischen Sinne
noch im britisch-viktorianischen. Es war eine Art vor-nationales
Commonwealth, unfähig zum Angriff, aber respektabel in der
Verteidigung, ein deutsches Gleichgewicht inmitten des europäischen. Das mittelalterliche Reich war ein Konglomerat aus
geistlichen und weltlichen Reichsständen, großen und kleinen.
An der Spitze die Kurfürsten, dann die Herzöge, Markgrafen
und Fürsten, Äbte, Reichsritter und Freien Reichsstädte, einige
davon kaum auf der Karte zu finden, andere, wie Nürnberg, mit
ausgedehnten, aber zersplitterten Territorien. Die Legitimation
dieses Reiches stammte, seit zu Ostern des Jahres 800 zu Rom

Karl der Große den Papst zur Krönung beordert hatte, aus der
Kontinuität des Römischen Reiches. Der Doppeladler des Reiches meinte den Erdkreis, aber nicht politisch, sondern in
transzendentaler Bedeutung. Jenes Reich war nicht Vorläufer
des modernen dynastischen Staats und schon gar nicht des Na-
tionalstaats. Es war von dieser Welt und von jener. Deshalb wird
das Reich auch im lutherischen Vaterunser zweimal erwähnt.
Aber die Unbestimmtheit des Begriffs entsprach der Unverbind-
lichkeit seiner Organisation, ja selbst seiner Grenzen.

Nach Napoleons Selbstkrönung zum Kaiser indes hatte der
Titel eine ganz neue Bedeutung: das moderne Militärkaisertum,
das seine Legitimation von seinen Erfolgen auf dem Schlachtfeld
herleitete, aus wirtschaftlicher Prosperität und dem alten Rezept
von Brot und Spielen für die Massen. Seitdem waren Anspruch
und Versprechen des Kaisertitels nicht mehr verbunden mit der
zeremoniellen Autorität der letzten Habsburger, sondern mit der
militärischen Usurpation revolutionärer Macht. Deshalb war es
ein gefährliches Spiel, wenn Bismarck, der die cäsaristische Herr-
schaftstechnik Napoleons III. mit Faszination studiert hatte und
sie gegenüber allen konservativen Fundamentalisten recht-
fertigte, das neue Deutschland in den Schnittpunkt zweier un-
vereinbarer Traditionen stellte, die zudem beide gefährlichen
Interpretationen offen standen und überdies einluden, was Bismarck am meisten hasste: politische Schwärmereien.

Kaiser und Reich versprachen den Deutschen weit mehr, als
Bismarck, der nach 1871 vom weißen Revolutionär wieder zum
Schüler Metternichs wurde, zu erlauben bereit war, und schon
gar nicht zu bewirken. Das Reich war ein Versprechen, das in
vollem Widerspruch stand zu der Bewahrungspolitik Bismarcks,
der seit 1871 alles tat, vom Deutschen Reich die Folgen seiner
halb-revolutionären Gründung abzuwenden. Der Krieg von 1864

gegen Dänemark war im Namen des deutschen Nationalismus ausgefochten worden, aber schon derjenige von 1866 diente der Verkleinerung Deutschlands, nicht seiner Ausdehnung ins Großdeutsche. Und jenes Deutschland, das durch den Sieg über Frankreich 1870 seine äußere und innere Form gewann, sollte eine Säule der Stabilität in Europa sein. Als die neugegründete katholische Zentrumspartei verlangte, preußische Truppen zum Schutz des Vatikans zu detachieren, wie es zuvor Frankreich getan hatte, antwortete Bismarck mit dem Kulturkampf. Die transnationalen Bestrebungen der Sozialisten hielt er für eine Brandfackel, und selbst den Liberalen und ihren weltpolitischen und weltwirtschaftlichen Interessen traute er nicht über den Weg: »Wir sind, was der alte Fürst Metternich nannte, eine saturierte Macht« – so predigte Bismarck den Deutschen, aber er tat es vergebens. Das Deutschland, das Bismarck zusammengebracht hatte, war nach seiner inneren Verfassung und durch äußere Bündnisse konzipiert als Großpreußen auf der Suche nach immerwährender Stabilität, kein Imperium auf der Suche nach immerwährender Vergrößerung.

Aber Deutschland war keine ferne Insel im Weltmeer. Die Deutschen konnten sich nicht kleiner machen, als sie waren. Das Deutsche Reich konnte keine Stillstandsutopie sein inmitten der industriellen Revolution, des Aufstiegs der bürgerlichen Klassen und der Unruhe des Industrieproletariats.

Der Tag in Versailles, im bitterkalten Saal der erblindeten Spiegel, die einst den Glanz des Sonnenkönigs zurückgeworfen hatten, hatte ein Abschluss sein sollen. Aber das Siegel der Tradition täuschte, wo doch alles längst, mit Jacob Burckhardt im fernen Basel zu sprechen, »Revolutionszeitalter« war. In diesen Transformationen und durch sie stieg Deutschland zur industriellen Großmacht auf.

»Setzen wir Deutschland, sozusagen, in den Sattel. Reiten wird es schon können.« Das hatte Bismarck 1867 im Konstituierenden Reichstag des Norddeutschen Bundes gesagt. Zwanzig Jahre später ließ er sich vernehmen: »Dies Volk kann nicht reiten. Die was haben, arbeiten nicht. Nur die Hungrigen sind fleißig. Und die werden uns fressen.« Bismarcks heroischer Pessimismus hatte sich überlebt. Nach ihm kamen nicht die Jahre der Kassandra, sondern Wilhelm II. versprach den Deutschen, er werde sie »herrlichen Zeiten« entgegenführen. Den nach-bismarckschen Machteliten ging der Sinn für die Gefahr verloren. Sie verstanden nicht mehr, dass Deutschland, um zu überleben, Hüter des Gleichgewichts sein musste, niemals aber dessen Umsturz betreiben durfte.

II. DEUTSCHE ANGST, DEUTSCHE HOFFNUNG

Deutschland ist nicht von den Deutschen erfunden worden, sondern von seinen Nachbarn. So weit man zurückblicken konnte, gab es in Europa immer eine Idee davon, dass die Völkerschaften zwischen Maas und Memel, Belt und Etsch – ungeachtet ihrer Verschiedenheiten in Dialekten und Lebensformen – nicht nur einen geographischen Raum teilten, sondern auch Sprache, Kultur und Rechtsformen. Die Zugehörigkeit zum Heiligen Römischen Reich indessen war niemals eindeutig definiert. Bis zum Frieden von Westfalen 1648 gehörte die Schweizer Eidgenossenschaft ebenso dazu wie die Vereinigten Provinzen der Niederlande. Zu den Reichsständen zählten auch fremde Herren. Der König von Schweden hielt seit Gustav Adolfs Eingreifen in den »Teutschen Krieg« (Simplicius Simplicissimus) weite Teile der Ostseeküste, der Dänenkönig von alters her Schleswig und Holstein. Und Kardinal Richelieu bedeutete seinem königlichen Herrn, Frankreich dürfe sich eher von einer fetten Provinz trennen als von dem Recht der deutschen Fürsten, fremde Bündnisse zu schließen. Das war der Kern der »teutschen Libertäten«.

Die Summe der Macht, welche die Reichsstände besaßen, war immer größer als die des Kaisers zu Wien. Der Dreißigjährige Krieg hatte unter Strömen von Blut bewiesen, dass der »absolute Dominat« des Kaisers gegen die europäischen Vormächte und die evangelischen Reichsstände nicht durchzusetzen war. Während die Staaten Westeuropas im Aufstieg zu Staatssouveränität und Weltmacht weitergingen, begünstigt durch das deutsche Gleichgewicht in der Mitte des Kontinents, war die Verfassungsentwicklung in Deutschland blockiert: nicht allein durch die Katastrophe der Städtekultur und des

Bürgertums im Dreißigjährigen Krieg, sondern auch durch die Equilibrierung der Macht in deutschen Landen. Der deutsche Zustand war seit 1648 Teil des *ius publicum Europaeum*, Deutschland Kern und Ausgleichsmasse dessen, was der Friedensvertrag von Utrecht am Ende des Spanischen Erbfolgekrieges 1713/14 stipulierte als *iustum potentiae equilibrium*. Von dieser europäischen Art war der Sonderweg, den die Deutschen gingen.

Für die meisten Deutschen war die Vergangenheit wenig besser als eine Abfolge von Desastern. Es gab in der Erinnerung der Generationen kein »Golden Eeuw« wie das 17. Jahrhundert der Niederländer, kein »Grand Siècle« der Franzosen, kein Neues Rom der Briten und auch kein in der Zukunft liegendes Neues Jerusalem der Amerikaner. Von den Gräueln des Dreißigjährigen Krieges erzählte man sich noch zwei Jahrhunderte danach. Auf Generationen hinaus lagen über dem Land eine tiefe Melancholie und ein Grundzug der Angst. Von daher rührte nicht nur die Bereitschaft, das Hobbesianische Evangelium des starken Staats zu befolgen und dem Staat zu geben, was des Staates sein sollte. Es entwickelte sich auch jene alles durchdringende Spiritualität, die bis heute hörbar ist in der Musik Buxtehudes, Telemanns, Johann Sebastian Bachs. Jene Kriege um die frühen Weltreiche, welche Spanier, Briten und Franzosen in den Kolonien und auf den Weltmeeren ausfochten, bedeuteten, ob im Spanischen Erbfolgekrieg oder im Siebenjährigen Krieg, brennende Dörfer in Deutschland, Witwen und Waisen, Inflation, Bankrott und Arbeitsmangel, die jungen Männer verdorben und gestorben in fremden Kriegen.

Lange bevor solche Wunden verheilt und vergessen waren, brachten die napoleonischen Kriege neue Katastrophen. Seit 1793 waren die französischen Armeen in Deutschland eingebrochen, das Alte Reich erwies sich als morsch und die Karten Deutschlands wurden von den Siegern neu gezeichnet. Als 1806 der Wiener Kaiser die Reichskrone niederlegte, nahm Goethe davon nicht einmal Notiz.

Jene Neutralität, die sich Preußen mit dem Frieden von Basel 1795 erkauft hatte, als es die erste Koalition im Stich ließ, endete 1806, als die preußische Regierung, von der Kontinentalsperre erdrückt, dem Sieger von Elchingen und Austerlitz den Krieg erklärte. Die Armee Friedrichs des Großen taumelte ins Desaster, der Staat wurde auf die Hälfte des Territoriums zurechtgestutzt und nur deshalb nicht von der Landkarte gewischt, weil der russische Zar an einer Pufferzone zu den napoleonischen Adlern Interesse zeigte. Da allerdings begann jene Revolution von oben, die aus der Kraft des deutschen Idealismus wiedergewinnen sollte, was an materieller Stärke verloren gegangen war. Jene Reformen englischen und französischen Vorbilds, die zuvor unterblieben waren, wurden nunmehr entschlossen von Stein und Hardenberg, Gneisenau und Scharnhorst ins Werk gesetzt. Die Armee sollte Bürgerarmee werden, die Gewerbe sich ohne Zunftzwang entfalten, die Bauern freie Eigentümer sein und die Juden Staatsbürger wie alle anderen, die Selbstverwaltung sollte den alten Obrigkeitsstaat aufbrechen. Der landbesitzende Adel begann einen zähen Abwehrkampf, der bis ins 20. Jahrhundert dauerte. Aber die bürgerlichen Pächter kauften das Domänenland, als die Finanznot den Staat zum Verkaufen zwang, und praktizierten moderne Landwirtschaft nach dem Muster der englischen »new husbandry«. Sie zeigten, wie man in einer Zeit schnell wachsender Menschenzahl goldene Ernten in die Scheuern fährt.

Für Bismarck und seine Zeitgenossen waren die Revolution, Napoleon und die »Freiheitskriege«, wie man, ohne sich hinsichtlich der Natur dieser Freiheit festzulegen, den großen Umbruch nannte, noch unmittelbare Gegenwart. »Das soll uns nie wieder passieren, und das können wir auch« – so hat Sebastian Haffner die Schlussfolgerungen formuliert, welche die Deutschen zogen. In ganz Europa war die Antwort auf die Revolution, noch mehr aber auf Napoleons Regime, der Aufstieg des modernen Nationalismus, der Ruf nach Verfassungsverträgen und die Bildung politischer Vereine und Parteien. Demokratie und Nationalstaat wurden zusammen geboren: zuerst in Nordamerika, dann in Frankreich, später in Deutschland.

Napoleons Militärdiktatur war von solcher Art, dass sie die Niederlage nicht überdauern konnte. Sein Sturz hatte zur Folge, dass die Führungsmacht unter den Siegern erst einmal »British maritime rights« sicherte und danach den Kontinent neu equilibrierte. Nicht als Rekonstruktion dessen, was vor fünfundzwanzig Jahren dahingesunken war, sondern als Gleichgewichtssystem von fünf Großmächten: Preußen erstreckte sich nunmehr von Aachen bis Tilsit, aber, da Hannover und Kurhessen dazwischen lagen, ohne Landverbindung zwischen Ost- und Westhälfte. Österreich gewann Oberitalien zurück. Russland wieder hinter die Weichsel zurückzukomplimentieren, war gemeinsames europäisches Interesse. Dafür wurde dem russischen Bären die polnische Gans – wenngleich zunächst als »Kongresspolen« in der schonenden Form der Personalunion mit Russland – als Wegzehrung nach Osten mitgegeben. Frankreich wurde als Teil des Gleichgewichts gebraucht und glimpflich behandelt: die Reparationen waren milde, die Rückgabe der geraubten Kunstschätze mehr als lückenhaft. Deutschland als Ganzes aber wurde in Gestalt des Deutschen Bundes ruhig gestellt: ein deutsches Gleichgewicht, wie zuvor das Alte Reich, als Kern und Ausgleichsmasse des europäischen.

So entstand, nach dem Konzept der Briten, von William Pitt dem Jüngeren bis Castlereagh und Canning, »the repose of Europe«, die Wiener Ordnung.

Das »System Metternich« war die Festung, die in den deutschen Territorien diese Ordnung der Dinge hütete: Nie wieder Revolution, nie wieder Krieg – so lautete die Rechtfertigung. »Deutschland, Deutschland über alles« aber lautete dagegen der Kampfruf. Es handelte sich um die Eingangszeile des Liedes, welches – ausgerechnet auf die Haydnsche Melodie der österreichischen Kaiserhymne – ein deutscher Feuerbrand namens August Heinrich Hoffmann von Fallersleben dichtete, ein patriotisch-revolutionärer Aufruf. Selten ist ein Text so missverstanden worden – und war so missverständlich. Die Poesie eines Deutschland, das frei und gerecht sich an Wein, Weib und Gesang erfreute, stand gegen das reale Deutschland aus 38 Souveränitäten, das zu Wien in die Mitte Europas gesetzt worden war.

Mit der endgültigen Niederlage Napoleons im Schlamm und Blut von Waterloo – die Preußen nannten ihren Sieg »Belle Alliance« nach einem Wirtshaus, dessen Schild einen alten Mann mit einer jungen Frau zeigte – endete auch das System der Wirtschaftskriegführung gegen England, der »blocus continental«, zu deutsch die Kontinentalsperre. Das bedeutete, dass in der Nachkriegsdepression die schwächlichen preußischen und deutschen Industrien der Konkurrenz überlegener britischer Produkte ausgesetzt waren. In der Politik wollte die preußische Verwaltung die Vergangenheit bewahren und auf dem Weg des aufgeklärten Absolutismus weitergehen – ohne Verfassung, ohne Parlament. Aber wirtschaftlich öffnete die Berliner Bürokratie die Schleusen der Marktwirtschaft und des Freihandels. Man brauchte englische Unterstützung, Kapital, Kredite und Technologie. Die unaufhaltsam anwachsende Bevölkerung zwang dazu,

Arbeit zu schaffen. Das aber konnte nicht der Staat, sondern nur der Unternehmer. Andernfalls würden, das war die Lehre der Vergangenheit, Preußens Herrscher den Weg des *Ancien Régime* gehen.

So schloss Preußens Verwaltung mit dem Kurfürstentum Kurhessen im Jahr 1828 eine Zollunion: der beginnende Eisenbahnbau und die Distanz zwischen den getrennten Teilen der Monarchie zwangen dazu. 1834 folgte nach demselben Prinzip der Deutsche Zollverein, der alsbald ganz Norddeutschland außer den Hansestädten umschloss. Die Maaßen und Motz, liberale Bürokraten an der Spitze der Handels- und Finanzverwaltung, allesamt einst Studenten Kants in Königsberg, errangen damit einen dreifachen Sieg. Sie gaben dem preußischen Staat eine liberale Wirtschaftspolitik und hofften, dass eines Tages auch liberale Staatspolitik folgen würde. Sie sicherten Preußen die wirtschaftliche Führung in Deutschland, denn eines Tages würden auch die Süddeutschen folgen müssen: Und sie hatten eine wirtschaftliche Allianz mit dem Vereinigten Königreich.

Aber Rekonstruktion und Stabilisierung dauerten nicht lange. Schlechte Ernten trieben seit Mitte der 1840er Jahre den Brotpreis in bedrohliche Höhe, hohe Zinsen und eine schwere industrielle Krise kamen hinzu. Das inspirierte Karl Marx und Friedrich Engels zum »Kommunistischen Manifest«, im Februar 1848 publiziert – in dem jedoch von den Ereignissen, die in den folgenden Wochen und Monaten das Bild Europas verändern sollten, wenig zu lesen war. Die offene Revolte begann in den engen Straßen von Paris, die Nationalgarde wartete ab, der Monarch nahm die alte Straße nach Brüssel. Die Neuigkeiten wurden über den Telegrafen in ganz Europa gemeldet und wirkten wie das lang erwartete Signal, dass es so, wie es war, nicht weitergehen konnte. Für die nächsten Monate sahen die Monarchien

Europas – mit Ausnahme Englands und Russlands – aus wie eine Ansammlung von Kartenhäusern.

Dies war die Stunde eines unbekannten Landjunkers namens Otto von Bismarck, gerade 33 Jahre zählend, aus ältestem Adel der Mark Brandenburg. Hochbegabt, aber gelangweilt, hatte es ihn nicht in Armee oder Bürokratie gehalten. Er schrieb die beste deutsche Prosa zwischen Heinrich Heine und Thomas Mann. Aber zunächst war er nichts als Deichgraf an der Elbe und ein erfolgreicher Landwirt, der die hochverschuldeten Familiengüter wieder in Ordnung gebracht hatte. Der junge Bismarck war ein Mann auf der Suche nach Sinn und Berufung. 1847 in Preußens Vereinigten Landtag gekommen, tat er sich als begnadeter Redner für die Monarchie von Gottes Gnaden hervor. Mit dem Kampf gegen die Revolution fand er, was er ersehnt hatte.

Politik war nicht Bismarcks Leidenschaft, außer wenn sie auf Entscheidung und Extrem basierte. Noch wenige Jahre zuvor hatte er, wie nebenbei, in einem Brief eine Art Lebensprogramm entworfen:

»Dass mir von Hause aus die Natur der Geschäfte und der dienstlichen Stellung unserer Staatsdiener nicht zusagt, dass ich es nicht unbedingt für ein Glück halte, Beamter und selbst Minister zu sein, dass es mir ebenso respectabel und unter Umständen nützlicher erscheint, Korn zu bauen als administrative Verfügungen zu schreiben, dass mein Ehrgeiz mehr danach strebt, nicht zu gehorchen als zu befehlen: das sind facta, für die ich außer meinem Geschmack keine Ursache anzuführen weiß, indessen dem ist so... Der preußische Beamte gleicht dem Einzelnen im Orchester... Ohne Übersicht und Einfluss auf das Ganze muss er sein Bruchstück abspielen, wie es ihm gesetzt ist, er mag es für gut oder schlecht halten. Ich will aber Musik machen, wie ich sie für gut erkenne, oder gar keine.«

Die Revolution zog ihn unwiderstehlich in die Politik – »wie die Motte ins Licht«, schrieb er später –, die Lehrzeit war kurz und schmerzhaft. Als es im März 1848 nicht mehr um Eisenbahn und Anleihen ging, sondern um Sein oder Nichtsein der Monarchie, hatte Bismarck seine Berufung gefunden. Er reiste mit der Bahn zwischen Küstrin und Magdeburg hin und her, um die Generalität zu einem Coup gegen den Monarchen zu bewegen, der vor den Märzgefallenen den Hut gezogen und die Garden aus Berlin zurückgerufen hatte. Aber der junge Heißsporn blieb allein, und er hatte das Glück, dass niemand ihn verhaften ließ. So wurde er Mitbegründer der Konservativen Partei und der »Kreuzzeitung« und lernte die Regeln des politischen Massenmarktes. Dazu gewann er eine sinistre Reputation. »Nur zu brauchen, wenn das Bajonett schrankenlos waltet«, schrieb der Monarch über den Mann aus der Altmark. Für Regierungs- und Ministerwürden schien er ungeeignet.

Das galt, bis die preußische Regierung sich 1850 in eine außenpolitische Sackgasse manövrierte. Nach dem Kehraus der Paulskirche hatte die Berliner Regierung entdeckt, dass sich die nationale Frage für preußische Hegemonialpolitik eignete. So entstand die Idee einer norddeutschen Einigung. Die Reste der Nationalversammlung wurden nach Erfurt geladen, um die »Erfurter Union« ins Leben zu rufen. Zugleich intervenierten preußische Truppen in Hessen-Cassel. Da aber mobilisierten Russland und Österreich ihre Armeen und zwangen im alten Bischofspalast zu Olmütz die preußische Diplomatie zum Rückzug. Im Abgeordnetenhaus wurde über die »Olmützer Punktation« gestritten, die eine Kapitulation war. Bismarck aber trat mit schneidender Schärfe gegen den Krieg auf, für den diplomatischen Rückzug und die Verständigung mit Österreich. Solche Verteidiger hatte die Berliner Regierung nicht eben viele.

Zum Dank wurde Bismarck auf den wichtigsten Posten der preußischen Politik an den wiederhergestellten Frankfurter Bundestag geschickt. Dort aber lernte er sehr schnell drei Dinge: Nur als Industriemacht konnte Preußen Großmacht sein, mit Österreich war weder wirtschaftlich noch politisch die Verständigung zu haben und allein indem Preußen die wilden Pferde der Nationalbewegung in die Zügel nahm, ließen sich Staat, Monarchie und Sozialordnung retten. Warum sollte nicht in Deutschland glücken, was in Frankreich geschehen war? Napoleon III. hatte erst jüngst gezeigt, dass ein konservatives Programm Mehrheiten gewinnen konnte.

Unterdessen baute sich in Preußen eine Verfassungskrise auf. Wilhelm I. wollte die Armee immunisieren gegen Revolution und Bürgerlichkeit. Er verlangte dreijährige Wehrpflicht und Abschaffung der Offizierswahl bei der Landwehr. Die liberale Parlamentsmehrheit verweigerte den Haushalt, der König dachte an Abdankung. Da versuchten die Chefs der *Maison Militaire*, den Botschafter am französischen Kaiserhof nach Berlin zu holen. Ein Alarmbrief jagte den anderen, aber der Herr des Palais Beauharnais in der Rue de Lille, war anderweitig beschäftigt. Er verfolgte eine Liebesaffäre mit der schönen Gräfin Orloff, der Frau des russischen Botschafters. Erst als sich die Romanze als hoffnungslos erwies, gewann der Staat, und Bismarck ließ sich im Park des Schinkel-Schlosses Babelsberg in die Pflicht nehmen: Kein Staatsstreich, so lauteten die Bedingungen des Monarchen, kein Bruch mit Österreich und keine Zugeständnisse an das Parlament. Bismarck, so erinnerte er sich später, versprach, als »kurbrandenburgischer Vasall« zu handeln. Wilhelm I. war es zufrieden. Er hatte vergessen, dass kurbrandenburgische Vasallen ihre eigenen Auffassungen von Loyalität hatten; Bismarck war da keine Ausnahme.

Bismarck hielt keines der abgegebenen Versprechen. Er regierte ohne parlamentarisch beschlossenes Budget, sprach von einer »Lücke« in der Verfassung und sagte:»Wer die Macht hat, geht dann in seinem Sinne vor.« Später hat er, um den historischen Kompromiss der Reichsgründung zu ermöglichen, »Indemnität« gesucht, zugleich aber das Militär aus parlamentarischen Bewilligungen weitgehend herausgehalten. Zugleich warb er um die Liberalen, indem er ihnen entschlossene Nationalpolitik in Aussicht stellte und die Möglichkeit einer militärischen Lösung andeutete. Am 30. September 1862 in der Begleitkommission des Abgeordnetenhauses:

»Preußens Grenzen, nach den Wiener Verträgen, sind einem gesunden Staatsleben nicht günstig. Nicht durch Reden und Majoritätsbeschlüsse werden die großen Fragen der Zeit entschieden – das ist der große Fehler von 1848/49 gewesen –, sondern durch Eisen und Blut.«

Der Sechs-Wochen-Krieg gegen das Königreich Dänemark begann wie im April 1848 – der dänische König wollte eine nationalstaatliche Gesamtverfassung, und die Bewohner von Holstein rebellierten. Aber diesmal endete er nicht mit Rückzügen, sondern mit dem Sieg. Seitdem forderten die Konservativen ein »inneres Düppel« (Hermann Wagener) und meinten den Staatsstreich. Aber dafür war der Premier zu klug und zu weitsichtig, und sich ganz und gar von den Konservativen abhängig zu machen, war nicht sein Interesse.

Der dänische Krieg von 1864 war indessen nur Vorspiel für den deutschen Krieg von 1866. Das Kondominium mit Österreich über Schleswig-Holstein wirkte wie ein Reibeisen. Die deutsche Verfassungsfrage mit Österreich zu lösen, war unmöglich: zum einen war Großdeutschland für das übrige Europa inakzeptabel, zum anderen war Preußen qua Zollverein die Führungsmacht des Freihandels. Wer aber sollte das künftige Deutschland führen? Bismarck verlangte direkte Wahlen zu einem künftigen Reichstag, wohl wissend, dass das allgemeine gleiche Wahlrecht der Anfang vom Ende des durch Krone, Aristokratie, Kirche und deutsche Beamtenschaft zusammengehaltenen Vielvölkerstaats von Lemberg bis Laibach sein musste. Im Frühjahr 1866 schloss Bismarck mit Cavours Italien eine auf drei Monate befristete Militärallianz, die Österreich von Süden her in Schach halten sollte, ließ durch preußische Banken den internationalen Kapitalmarkt leer fegen, so dass die hochverschuldeten Österreicher sich eine Mobilisierung lange überlegten, und brachte dann die Vorschläge zur Bundesreform ein. Die Österreicher erklärten das für einen Bruch des Bundesrechts, reagierten mit Krieg und fanden in Süddeutschland Bundesgenossen. Aber weder Frankreich, dessen Truppen gerade erst aus Mexiko zurückkamen, noch Russland, das den Krimkrieg noch nicht überwunden hatte, standen als Helfer bereit. Es war ein duellartiger Krieg. Mit der Schlacht von Königgrätz fiel die Entscheidung. Österreich schied aus und wandte sich dem Ausgleich mit der ungarischen Reichshälfte zu.

Das Deutschland von 1866 war, außer im Namen, schon weitgehend das Deutschland von 1871. Der Norden wurde im Norddeutschen Bund zusammengefasst, und die Sachsen machten gute Miene zum preußischen Spiel. Der Norddeutsche Reichstag wurde, nachdem der preußische Verfassungskonflikt durch Vergeben und Vergessen erst einmal bewältigt war, zum Motor der Einheit. Die Verfassung des Norddeutschen Bundes, weitgehend von Bismarck entworfen, brauchte 1871 nur noch in wenigen Formulierungen angepasst zu werden: Statt Bund Reich und statt Präsidium Kaiser. Der Deutsche Zollverein, bisher intergouvernemental geleitet, wurde durch das Zollparlament zu einem Instrument preußischer Führung: schon deswegen, weil die Mehrheit der Abgeordneten aus Preußen kam. Die »Schutz- und Trutzbündnisse« mit den Süddeutschen setzten deren Truppen auf preußischen Fuß und unterstellten sie im Kriegsfall dem preußischen Kommando.

Allerdings fehlte das einheitsstiftende Band um das künftige Deutschland. Es sah, wenn man die Fassade des Föderalismus beiseite ließ, einem Großpreußen sehr ähnlich, und darin lag auch die Gefahr. Denn nicht nur schlug in Süddeutschland die Stimmung um – die Wahlen zum Zollparlament wurden 1868 mit der Parole »Steuer zahlen, Maul halten, Soldat sein« von den Preußengegnern gewonnen –, es gab auch, solange Frankreich ein Vetorecht beanspruchte, Zweifel an der äußeren Festigkeit dieser gewagten Konstruktion.

Die Jahre nach 1866 waren eine Epoche industrieller Entfaltung und politischer Ungewissheit, vor allem im Blick auf die unvollendete deutsche Einheit und deren europäische Hinnahme. Bismarck mahnte die Liberalen zur Geduld: Man könne die Uhren vorstellen, »aber die Zeit geht davon nicht schneller«. Erst als im Frühjahr und Sommer 1870 die Krise der französischen Innenpolitik Bismarck die Chance zuspielte, das französische Kaisertum – die spanische Thronkandidatur war nichts als ein symbolischer Anlass – zur Kriegserklärung zu verführen, gewann er die Möglichkeit, den Krieg zu seinen Bedingungen einzuleiten und zu führen – aber nicht mehr zu beenden.

Denn es verlief nur der erste Krieg, derjenige gegen die Kaisermacht, nach Plan: Nach drei Monaten, bevor noch die Österreicher über eine kleine Intervention oder Demonstration hatten beschließen können, war schon alles vorbei. Dann aber erklärte die Republik der Notabeln den Krieg »à outrance«, Paris musste belagert werden, an der Loire gab es langwierige Kämpfe ohne Entscheidung, aus London und St. Petersburg kamen die ersten Abmahnungen. Währenddessen wurde mit den Süddeutschen über ihren Beitritt zum künftigen Reich verhandelt. Die Kaiser-proklamation in Versailles am 18. Januar 1871 war in dieser risikoreichen Lage der Versuch, aus Krieg und Sieg eine Verfassung zu gewinnen – sozusagen im Handstreich.

III. EIN KRAFTWERK IN DER MITTE EUROPAS

Im Deutschland des Jahres 1871 lebten die meisten Menschen noch auf dem Lande und vom Lande. Aber der Pulsschlag ihres Lebens beschleunigte sich durch die industrielle Revolution, die seit gut zwanzig Jahren alle Lebensformen veränderte, alles Denken, alle Begriffe von Vergangenheit und Zukunft, ja selbst von Zeit und Raum.

Löhne und Einkommen stiegen in den Städten und zogen immer mehr Menschen vom Land dahin, wo das Leben mehr von seiner Fülle versprach. Männer und Frauen sahen eine Chance, der alten Plackerei auf dem Lande zu entgehen. Was sie in der Industrie fanden, war oft kaum besser. Aber junge Leute konnten heiraten, sich einrichten, es gab die Hoffnung auf ein kleines Glück – und die Kinder sollten es einmal besser haben. Die Jahre der Reichsgründung waren eine Epoche der Zukunftshoffnungen, und die Zeit der großen Angst schien vorbei.

Dem industriellen Aufbruch war viel Abschied zugesellt. Abschied von der Welt des ländlichen Gesindes und der kleinen Bauernwirtschaft, Abschied auch von der alten Hausindustrie, die kaum mehr überlebte – wie zuvor Goethe setzte Gerhart Hauptmann dem Untergang der Weber ein literarisches Denkmal –, und Abschied von Einrichtungen und Lebensformen, Ehre und Nahrungsdenken des Alten Handwerks, zuletzt mit der Gewerbeordnung von 1868, die in ganz Deutschland, wie seit 1809 in Preußen, die Reste der Zunftwirtschaft beseitigte. Eine neue Angst vor der Zukunft entstand: was den einen eine Ära von Ausbeutung und Massenarmut, war den anderen eine Epoche der revolutionären Bedrohung, des Umsturzes, des Untergangs. Antikapitalismus und Angst vor dem Wandel kamen aus den ländlichen Gutshäusern ebenso wie aus den städtischen Arbeiterquartieren. Und doch gab es am Ende, als der Große Krieg den Schleier der Zivilisation wegriss, eine große vergebliche Sehnsucht nach der guten alten Zeit, die unwiederbringlich dahin war.

Die industrielle Revolution hatte in England am Ende des 18. Jahrhunderts begonnen. In Deutschland wurden bald die ersten Dampfmaschinen in preußischen Landen installiert, und zwar an der Ruhr und in Schlesien. Die alten Gewerbezentren südlich der Mainlinie, von Schweinfurt bis Nürnberg, Ulm und Augsburg, fielen zurück: sie wurden gehemmt durch Mangel an Energie, Kapital und Marktzugang. Auf lange Sicht allerdings erwies sich das als Segen, weil der Süden die gewohnten metallurgischen Fähigkeiten, das Arbeitsethos des Alten Handwerks und den alten Erfindungsreichtum verbinden musste, um im Industriezeitalter mitzuhalten. Das galt für industrielle Genies wie Gottlieb Daimler und Carl Benz in Stuttgart und Mannheim, die das Automobil gebrauchsfähig machten, und für Robert Bosch, der nach langer Lehrzeit an der Ostküste der USA zurückkam, sich in der Familie Kapital zusammenborgte und dann die Auto-Elektrizität entwickelte.

Doch die deutsche Industrialisierung der Jahrhundertmitte basierte noch auf Kohle, Eisenbahnen, Maschinenbau, Tuchen, Pharmazeutika, Farben und Großchemie, und das meiste davon fand sich im industriellen Bogen von Aachen über Köln, wo es mit dem Schaffhausenschen Bankverein und Sal. Oppenheim jr. und Cie. international operierende, leistungsfähige Banken gab, von Essen bis Berlin und weiter von Berlin bis zu den Bergwerken und Hochöfen Oberschlesiens. Berlin war um das Jahr 1800 schon eine Gewerbe- und Manufakturstadt von 200 000 Einwohnern; hundert Jahre später waren es an die vier Millionen. Die Hauptstadt des Reiches war zugleich die größte Industriemetropole des Kontinents. Hier kreuzten sich die Bahnen, hier kamen die Wasserwege zusammen, hier hatten die großen Aktienbanken ihre Zentrale – neben mehreren hundert privaten Banken –, hier mischten sich die Lobbyisten und die organisierten Interessen, hier verbanden sich Macht und Kultur, Unterhaltung und neuer Reichtum. Im nahen Potsdam gab es die feudalen Garderegimenter. In Berlin aber gab es das Haus Siemens, Rathenaus AEG, den Maschinenbau Borsigs – und was der großen Namen noch mehr waren.

Die Reaktionszeit nach 1848/49 hat bis heute einen schlechten Namen, aber das Wirtschaftsklima verbesserte sich. Bald flossen Ströme von Gold und Silber aus Australien und Kalifornien in die Alte Welt. Dem entsprachen Warenströme in der Gegenrichtung, gepaart mit Investitionen in die aufstrebende amerikanische Industrie. Auch in Deutschland begann jene Phase der Industrialisierung, die mit hohen Wachstumsraten Jahr für Jahr – nur kurz unterbrochen durch die Depression der Jahre 1857/58 – bis in die Epoche der Reichsgründung anhielt. Es war der Gründerboom, der eine Massenkonjunktur in Gang setzte und wiederum von ihr in Gang gehalten wurde. Die deutsche Industrialisierung wurde anfangs noch durch Kapitalmangel behindert, bis die großen Universalbanken auf Aktien, in den Jahrzehnten von 1854 bis 1873 gegründet, das Geschäft in die Hand nahmen und jene Form des über Banken und ihre Beteiligungen eng verflochtenen deutschen Industriekapitalismus schufen, der bis heute existiert. Dass die Deutschen aufholten und die Briten bald überflügelten, wurde begünstigt durch die Verbindung wissenschaftlich-systematischer Forschung mit praktischem Experimentieren.

Dem Leitsektor der Eisenbahnen folgte, als in den siebziger Jahren die Hauptlinien fertig gestellt waren, der Telegraf und die in immer neue Anwendungen drängende Elektrizität. Siemens übernahm weitgehend die Technik der Elektrizitätsversorgung, AEG die Verbrauchertechnik. 1876 wurden in Berlin die ersten Häuser elektrisch beleuchtet, wenige Jahre später kam das Telefon. Das Nahverkehrswesen der S- und U-Bahnen wurde ausgebaut, und die Städte, die sich ins Land erweiterten und aus den Dörfern Vorstädte machten, zogen wie Magneten die Menschen vom Lande an. Ein Bauboom wie nie zuvor veränderte die Gestalt der Städte und fraß sich in die Landschaft. Er gab den Nebengewerben Nahrung und führte viele Handwerker dazu, sich als Unternehmer zu versuchen. Die Textilindustrie von Krefeld expandierte, ebenso wie die von Hof und Plauen. Die chemische Industrie begann, nachdem Professor Liebig in Gießen das »Minimumgesetz« gefunden hatte, der Landwirtschaft für die gezielte Bodenverbesserung Düngemittel zu verkaufen, investierte in die Produktion der Anilinfarben – erstmals in der Geschichte gab es für den kleinen Mann dauerhafte und billige Farben – und setzte auf pharmazeutische Forschung. Seit 1860 verwandelte die Badische Anilin- und Sodafabrik den kleinen Fischerort Ludwigshafen am Rhein in eine Industriestadt. Dasselbe geschah in Höchst am Main durch Meister Lucius Brüning, später Farbwerke Hoechst, und ähnlich auch rheinabwärts in Leverkusen durch die BAYER AG, bekannt geworden mit dem Schmerzmittel Aspirin.

Preußens Industrialisierung beruhte seit 1815 auf dem Prinzip des Freihandels. Das bedeutete Anlehnung an England und Offenheit für Kapital und Industriewaren von der Insel. Während die Habsburger Monarchie nach mehreren Staatsbankrotten und verlorenen Kriegen hochverschuldet war und ihre Staatseinnahmen überwiegend aus Zöllen beziehen musste, hatte Preußen so gut wie keine Staatsschulden – dies nicht zuletzt, um alle Fragen nach parlamentarischer Anleihe-Bewilligung zu vermeiden – und konnte sich den Freihandel leisten. Preußens Führungsstellung im Deutschen Zollverein beruhte auf der Stärke seiner Wirtschaft und seines Finanzsystems. Der deutsche Dualismus war im 18. Jahrhundert politisch gewesen, ein Machtkampf um Schlesien und die Führung in Deutschland. Im 19. Jahrhundert wurde er in der Dimension der Wirtschaft, der Staatsfinanzen und der Steuern weitergeführt – und 1866 militärisch durch Preußen entschieden.

Jene Welt des großen Getreidehandels über die Ostsee und die Nordsee nach Skandinavien und England, die Thomas Mann um die Jahrhundertwende in den »Buddenbrooks« beschrieb, hatte indes keinen Bestand. Die »terms of trade« änderten sich im Verlauf der siebziger Jahre des 19. Jahrhunderts tiefgreifend und unumkehrbar. Das galt für die Schwerindustrie, noch mehr aber für die kornbauende Landwirtschaft in Deutschland. Nach den Jahren des Gründungsfiebers brachten die 1870er Jahre einen Klimasturz. Alles begann damit, dass im Mai 1873 die Wiener Börse einen Krach erlebte, der sofort Rückwirkungen hatte auf Berlin und Frankfurt und die Kurse auch bester Papiere stürzen ließ. Die Gründerhausse war vorbei, es folgte Aschermittwochstimmung in Wirtschaft und Politik. Das »Gründungsfieber«, wie konservative und sozialistische Kritiker im Ton der Rechthaberei sagten, machte der Großen Depression Platz. Die Liberalen konnten nicht mehr hoffen, dass die Geschichte auf ihrer Seite war, und die Konservativen zählten ihre Verluste und erinnerten an den Zorn Gottes. Das alte Preußen mit seiner pietistischen Gottesfurcht und seinen steifen sozialen Hierarchien wurde als Gegenbild zur leichtlebigen Gegenwart wieder wachgerufen. Als die kapitalistische Reichtumsmaschine nicht mehr das Tischlein-deck-dich bescherte, folgten der Begeisterung Enttäuschung, Hass und scharfe Sozialkonflikte. Die Verlierer sahen die Wurzel allen Übels in der Jagd nach schnellem Reichtum. Schuldige wurden gesucht, und der neue Antisemitismus wusste die Antwort. *Gründe siehe S. 51*

Zur Konjunkturkrise infolge Überinvestition und Überproduktion aber kam bald die Strukturkrise der Schwerindustrie und der kornbauenden Landwirtschaft. Zwischen Deutschland und den Haupthandelspartnern begann ein Kampf ums Dasein. Die deutsche Industrie begann unter belgischer und vor allem britischer Konkurrenz zu stöhnen. Die Reaktion war zweifach: Druck auf die Regierung, die Handelspolitik zu revidieren und den »Schutz der nationalen Arbeit« über alles zu stellen, und die Formierung von Interessengruppen, um die Zeitungen zu gewinnen, die Bürokratie unter Druck zu setzen und im Reichstag Mehrheiten für Schutzgesetzgebung aller Art zu schaffen, von Qualitätskontrollen – heute spricht man von nicht-tarifären Handelshemmnissen – bis hin zu steigenden Zolltarifen. Die Nationalliberalen hatten offene Ohren für die Wehklage der Schwerindustrie – und offene Hände für ihre Subsidien. Die Fortschrittspartei dagegen, mehr den modernen Leicht- und Exportindustrien verbunden, blieb auf der Linie des Freihandels. Denn für die Maschinenbauer, die in die ganze Welt exportierten, war der neue Protektionismus eine Bedrohung.

Die nachhaltigste Verschiebung der sozialen und politischen Gleichgewichte aber kam aus Russland und den Vereinigten Staaten in Gestalt billiger Getreideausfuhren nach Europa. Als in den USA nach dem Bürgerkrieg die Epoche von »retrenchment and reform« begann, wurde der Mittlere Westen mit seinen Getreidefeldern, die bis an den Horizont reichten, und seinem günstigen Klima durch die Eisenbahnen an Baltimore und den Welthandel angeschlossen. Von den Schwarzerdeböden der

Ukraine kam russisches Getreide; Dampfschiffe und die letzten Segelclipper ließen die Getreidefrachten sinken. Überall verfielen die Getreidepreise, und die deutschen Produzenten, ob Großgrundbesitzer oder Bauern, konnten nicht mehr mithalten. Die Zeit der goldenen Ernten war auf immer vorbei. Die Regierung sollte Rat schaffen.

Bismarck, der niemals seine ländlichen Instinkte verlor und zeitlebens der Landwirt seiner frühen Jahre blieb, verstand nicht nur die wirtschaftlichen Nöte der Standesgenossen, sondern auch die politische Chance. Was Gerson von Bleichröder, sein jüngst geadelter Bankier, ihm über die Vorzüge des Freihandels zuflüsterte, ließ sich überhören. Hier ging es um neue innenpolitische Allianzen zwischen Hochofen und Rittergut, Konservatismus und Liberalismus – vielleicht bis hin zur Zentrumspartei. Es ging auch um die Finanzen des Reiches und damit der Armee. Es lockte das Ziel, aus den Zolleinnahmen eine eigenständige Steuerbasis für das Reich zu schaffen, das bisher via Matrikularumlagen immer, wie Bismarck klagte, »Kostgänger der Einzelstaaten« war.

1879 war es so weit. Der erste Zolltarif, der ungeachtet der darin enthaltenen Interessengegensätze Agrar- und Eisenzölle verband, wurde vom Reichstag nach langen Kämpfen verabschiedet. Zuvor hatten zwei Attentate auf den Kaiser und die darauf ausbrechende Sozialistenangst und das »Gesetz gegen die gemeingefährlichen Bestrebungen der Sozialdemokratie« dafür gesorgt, dass gefügige Mehrheiten zu haben waren. Für Bismarck indes war das Ganze nur ein halber Sieg. Zwar hatte er nun für einige Jahre eine sichere Mehrheit, »Kartell« genannt. Aber es misslang ihm, dem Reich eigene gesicherte Einnahmen aus den Zöllen zu verschaffen. Die preußische Staatsverwaltung führte gegen den Reichskanzler, der mit Wutanfällen und Nervenfieber, mit Rücktrittsdrohungen und Rückzügen nach Varzin und Hinterpommern reagierte, eine erfolgreiche Blockadepolitik, bei der die minderen Einzelstaaten, wie um Rache für tausend Demütigungen zu nehmen, fröhlich mitmachten. Zwar sollte in Zukunft das Reich einen Anteil an den neuen Revenuen bekommen. Wie viel aber, das Jahr um Jahr zu bestimmen, behielten sich die Einzelstaaten vor. Die Zolleinnahmen gingen zuerst an die Einzelstaaten, und das alte System der Matrikular-Umlagen, das nicht nur dem Namen nach an die Hilflosigkeit des Heiligen Römischen Reiches erinnerte, blieb erhalten. Damit war auf Jahrzehnte, tatsächlich bis zum Großen Krieg, die Entwicklung der deutschen Finanzverfassung blockiert.

Auf Jahrzehnte hinaus aber wurde auch der Kampf der Freihändler gegen die Protektionisten das organisierende Prinzip der deutschen Innenpolitik – mit tiefen und großenteils fatalen Auswirkungen auf die Außenpolitik. Im Jahr 1887 wurden aus den bis dahin noch verhältnismäßig milden Finanzzöllen echte Schutzzölle, um die Getreidebauern vor dem Ruin und die Bismarcksche Koalition vor dem Auseinanderfallen zu bewahren. Aber die Kosten waren hoch, nicht nur für die Masse derer, die von Brot und Brei lebten, sondern auch für die Agrarier selbst, deren Maschinen und Geräte durch den Eisenzoll verteuert wurden. Auch die deutschen Exporte wurden erschwert und verteuert, was zur Folge hatte, dass in diesen Jahrzehnten die deutsche Handelsbilanz dauerhaft negativ war, die Zahlungsbilanz noch mehr.

Am deutlichsten war der außenpolitische Schaden im Verhältnis zu Russland. Denn Getreide war das einzige Produkt, das der Zarenstaat exportieren konnte, um die über Jahrzehnte hinweg bei deutschen Banken aufgehäuften Anleihen zu bedienen. Ein knappes Drittel der russischen Ausfuhren ging nach Deutschland, ebenso kam ein knappes Drittel russischer Importe aus Deutschland. Die Schwierigkeiten der 1870er Jahre, als die Russen plötzlich die Bezahlung der Zölle in Goldrubel statt in Papierrubel verlangten – was eine Erhöhung um die Hälfte bedeutete –, wurden durch die Schutzzölle der 1880er Jahre zum Handelskrieg gesteigert.

Gegenüber den wiederholten Ersuchen aus St. Petersburg, in Verhandlungen über Handelsvertrag und Meistbegünstigung einzutreten, blieb Bismarck schwerhörig. Er hatte sein innenpolitisches System auf die Sammlung der Protektionisten gebaut. Es wäre zusammengebrochen, wenn Russland die Zollzugeständnisse erhielt, die erst einen Handelsvertrag möglich machten. Um dem Schaden die Beleidigung hinzuzufügen, ließ Bismarck zu Beginn des Jahres 1887 dem Berliner Börsenvorstand mitteilen, im Kanzleramt bewerte man russische Anleihen nicht mehr als mündelsicher. Das war ein vieldeutiges Signal: Fürchtete Bismarck Krieg? Wollte er die Russen erpressen? Jedenfalls bedeutete es, dass die Russen in Zukunft für ihre Anleihen höhere Zinsen bieten mussten – oder sich anderswo ihre Konsortialbanken suchen mussten. Ihr Weg ging seitdem nach Paris. Das aber war zur selben Zeit, als zwischen Berlin und St. Petersburg verzweifelt um den Rückversicherungsvertrag gerungen wurde. Bismarck, der große Bündnispolitiker, der Mann der Staatsräson und der düsteren Vorahnungen – Bismarck zerriss sein eigenes Gewebe und ließ es geschehen, dass die deutsche Außenpolitik zur Geisel der Innenpolitik wurde.

Nach fast drei Jahrzehnten an der Spitze der preußisch-deutschen Politik begann das »System Bismarck« zu zerfallen. In der Außenpolitik war das große Friedensgefüge um Deutschland herum ferner gerückt als jemals zuvor in den vergangenen zwanzig Jahren. Frankreich wurde nicht mehr in Schach gehalten und marginalisiert, seitdem die von Bismarck immer für unmöglich gehaltene Allianz mit Russland im Entstehen war: 1892 folgte der Handelsvertrag, 1894 die Militärallianz. In der Innenpolitik hatte der Kampf gegen die Sozialisten nicht im Sieg geendet. Nicht einmal die wegweisende, den anderen europäischen Staaten weit vorausweisende Sozialgesetzgebung hatte ihnen das Wasser abgraben können. Die katholische Zentrumspartei ebenso wie die Nationalliberalen und die Fortschrittspartei begannen, Weisheit und Führungskraft des alten Mannes in der Wilhelmstraße in Frage zu stellen. Kaiser Wilhelm I. aber, 1797 geboren, der immer alle Zweifel an Bismarck unterdrückt hatte, konnte nicht ewig leben. Eine Richtungsänderung lag in der Luft, ein neues, offeneres Regime, vielleicht ein historischer Kompromiss, jedenfalls das Ende dessen, was die Zeitgenossen als »System Bismarck« gewohnt waren. Bismarck war, lange vor seinem Sturz am 20. März des Jahres 1890, ein Denkmal seiner selbst geworden.

IV. GEWINNER UND VERLIERER

Nach jenem kalt-feierlichen Januartag in Versailles gab es im neuen deutschen Kaiserreich Gewinner und Verlierer. Die Liberalen waren die enthusiastischen Sieger des Geschehens – jedenfalls glaubten sie ein Jahrzehnt lang, sie könnten Bismarck auf dem Weg des Nationalen und des Freihandels festhalten. Auch sahen sie in ihm, namentlich als der Kulturkampf von Bayern auf das Reich übergriff, den Verbündeten gegen die Kirchen und ihren Einfluss. Endlich registrierten sie mit Freude, dass es nach Ferdinand Lassalles frühem Duell-Tod keine Kamingespräche mit dem Sozialistenführer August Bebel gab, ja nicht einmal ein freundliches Wort.

Unglücklicherweise waren die Liberalen tief gespalten. Die Linke bestand aus alten Achtundvierzigern aus Württemberg und den Vorkämpfern des jüngsten Verfassungskonflikts aus den alten Provinzen Preußens. Sie hatten König Wilhelm I., als er eine bessere Armee wollte, eine andere Verfassung abzuzwingen versucht und Bismarck unerbittlich Opposition gemacht. Die Männer der Deutschen Fortschrittspartei sahen in dem Papier, auf dem die Norddeutsche Bundesverfassung von 1867 stand, allein den aufschiebenden Formelkompromiss, und sie zweifelten nicht, dass Zukunft und Sieg ihnen und der Demokratie gehören würden, nicht der Monarchie und Bismarck.

Im Gegensatz dazu war die Nationalliberale Partei ein Ergebnis des deutschen Umbruchs von 1866/67. Zumeist aus Preußens annektierten Provinzen kommend, engagierten die nationalliberalen Abgeordneten sich mit Begeisterung für Bismarck und die Politik, die sie mit ihm und nicht gegen ihn zu verwirklichen hofften: Fortführung des preußischen Freihandels, Ausbau des Rechtsstaats in nationalem Maßstab, einheitliche Währung und

Zentralbank. Für die nationalliberalen Führer und ihre Gefolgsleute war 1848 ein abgeschlossenes Kapitel, einzig geeignet zum
Vergessen. Sie hatten nichts dagegen, Bismarcks Spiel zu spielen,
wenn sie es nur gewannen.

Unterdessen waren die Konservativen im Zweifel, dass es
1871 ihren Sieg zu feiern gab. Ihnen missfiel Bismarcks Spiel
mit den Liberalen, mit der öffentlichen Meinung, mit dem politischen Massenmarkt. Sie witterten napoleonischen Cäsarismus. Der Krieg gegen Österreich war nicht verstanden und
nicht verziehen. Im Kulturkampf sahen sie Spuren der Französischen Revolution, und ihnen missfiel die Schwächung des
Bandes zwischen Thron und Altar. Für sie verlor die Bismarcksche Revolution von oben niemals ihren mephistophelischen
Geruch, Bismarcks Allianz mit dem Nationalismus der Massen
war ihnen Teufelspakt. Erst als in den späten 1870er Jahren die
ostelbischen Großgrundbesitzer unter dem unbarmherzigen
Preisdruck des Weltmarkts für Getreide litten und Schutz suchten, fanden die Konservativen in Bismarck einen Verbündeten.
Keiner konnte seitdem ohne den anderen in den Kampf ziehen
gegen Sozialisten und Liberale, Freihandel und Weltmarkt.

Eine Schlüsselstellung im Parteienspektrum hatte die Deutsche Zentrumspartei, die als Aktionsausschuss des politischen
Katholizismus nach 1866 ins Leben gerufen worden war. »Il
mondo casca« – die Welt zerbricht: das war der Schreckensruf im
Vatikan, als 1866 Österreich, Hannover, Hessen und die Süddeutschen von den Preußen besiegt worden waren, Letztere verbündet mit dem Italien des Risorgimento und Cavours – Erz-
feinde der weltlichen Macht des Papsttums. Es war indessen seit
1848 absehbar, dass früher oder später die Geistlichkeit, ob ka-
tholisch oder protestantisch, sich in Kirchen und Schulen zu-
rückzuziehen hatte und die Macht über Zivilstand, Erziehung

und Wohlfahrtspflege einbüßen musste. Dass der Schlag von oben kam, war indessen unerwartet. Die Reaktion im katholischen Deutschland, vom Rheinland bis Schlesien, bestand in politischen Einigungsbestrebungen. Einen »Zentrums-Turm« galt es zu gründen gegen die Säkularisierung des politischen Lebens. Wegen dieses organisierenden Prinzips war und blieb das Zentrum zeitlebens die einzige politische Partei, die vom katholischen Kammerherrn bis zum Fabrikarbeiter, vom Bischof bis zum Industriellen alle sozialen Klassen umfasste. Dass sich Polen aus den östlichen Provinzen ebenso wie Elsässer und Lothringer der Fraktion anschlossen, machte sie den Liberalen und Bismarck erst recht suspekt. »Reichsfeinde« war das gehässige Wort, das auch die Sozialisten einschloss. Auch das Wort von den »Ultramontanen« war nicht freundlich gemeint, sondern unterstellte, dass die Zentrumsabgeordneten Weisungen von jenseits der Berge erhielten, aus dem Vatikan. Als das Zentrum im Reichstag von 1871 beantragte, es sollten preußische Truppen, so wie bislang französische, den Papst schützen, hatte man den Beweis. Es begann der Kulturkampf.

Der Kulturkampf, wie die Liberalen die Zurückdrängung des kirchlichen Einflusses nannten, ging nicht so sehr gegen den Glauben – Wilhelm I. pflegte zu sagen: »Dem Volke muss die Religion erhalten werden« –, sondern gegen die weltliche Macht der Kirche, eingeschlossen in Wahlkämpfen. Das Ganze begann im Rheinland, wo der Klerus der Opposition gegen die preußisch-protestantische Übermacht Rückhalt gab. Dann goss die bayerische Regierung, erbittert über politisierende Priester, Öl ins Feuer und verlangte das Verbot politischer Predigten. Auch sollten alle Zivilstandssachen, Heirat und Scheidung, dem Staat allein zustehen. Bismarck sah die Chance, zu teilen und zu herrschen.

Der Kulturkampf zog die Linie zwischen Staat und Kirche ähnlich wie in Frankreich. Er umfasste indes auch die Konservativen in den preußischen Provinzen östlich der Elbe. Das Kirchenpatronat gab ihnen Einfluss, den der Kulturkampf bedrohte. In ihrem Pietismus bekämpften sie Bismarck und gefährdeten damit seine Macht über den Monarchen. Wilhelm I. war alles andere als Faust, aber in Bismarck sahen sie Mephisto. Nach einem Jahrzehnt war der Streit erschöpft, und der Kampf um den Zoll-Protektionismus wurde zum organisierenden Prinzip der Mehrheiten. Dafür wurden Konservative und Zentrum gebraucht. Die katholische Partei indes blieb ein schwieriger Partner. Sie musste ihrem Gewerkschaftsflügel etwas geben, und die katholische Soziallehre – namentlich nach der Papstenzyklika »Rerum Novarum« von 1890 – war kaum vereinbar mit dem Industriekapitalismus, den die Nationalliberalen vertraten. Das Zentrum war weder demokratisch noch antidemokratisch, mehr konservativ als liberal, vor allem war es Interessenvertretung. In einem Wort, das Zentrum war die Partei des Katholizismus.

Die Sozialdemokraten passten noch weniger in das deutsche Parteienspektrum. Geführt von August Bebel, der vom Drechsler zum wohlhabenden Fabrikanten für Baubeschläge aufgestiegen war, schwankte die Partei zwischen Revolutionsdonner und Revisionismus. Bebels Gefolgsleute nannten ihn, auf seinen unerbittlichen Führungsstil zielend, den »Arbeiter-Bismarck«. Bebel hatte erst spät, als er während des Krieges 1870 vorübergehend in Haft saß, die Schriften von Marx und Engels studiert. Aber er dachte zu praktisch, um sie wörtlich zu nehmen. Bismarcks summarische Ablehnung der »Reichsfeinde« verfehlte im Grunde den Punkt, dass Bebel und seine Leute – am Anfang gab es im Reichstag nur eine Hand voll – nicht die Reichsgründung ablehnten, sondern die Revolution von oben durchaus zu schätzen wussten als Förderung ihrer eigenen Ziele. Was sie wollten, war indes ein anderes Deutschland, nicht Bismarcks autoritäres Regiment, nicht ungezügelte Freiheit, sondern Marktwirtschaft mit starkem Staat und sozialer Wärme.

Die Rhetorik allerdings war anfangs unerbittlich. 1871 pries Bebel zum Entsetzen des gesamten Reichstags die Commune von Paris als Vorhut des europäischen Proletariats und Vorbild für die Bestrebungen der deutschen Arbeiter. Dabei ging es weder Bebel noch seinen empörten Zuhörern um die reale Commune, die Selbstverwaltung wollte und praktische Sozialpolitik, sondern um die blutige Mythologie, die Marx predigte und die das bürgerliche Europa fürchtete. Bebel hat den Punkt nicht vertieft. Als 1878 und 1879 zwei Attentatsversuche auf den alten Kaiser unternommen wurden und in beiden Fällen die Schuldigen der Polizei sozialdemokratische Sympathien zu Protokoll gaben, da war es Bebel, der die Trennung zum Anarchismus vollzog und nicht Blut predigte, sondern Evolution und Glauben an das metaphorische »Rad der Geschichte«. Damit markierte er den Gegensatz zwischen den deutschen Sozialisten und dem revolutionären Terror in Russland und anderswo. Die große Mehrzahl der Sozialdemokraten waren in der Tat eher Kleinbürger und Pragmatiker. Auf ihren Demonstrationen trugen sie ernste schwarze Hüte und ehrbare Anzüge, nicht die Phrygiermütze der Revolution. Sie trugen in sich das Erbe langer Jahrhunderte des Zunftwesens und der Gesellenbruderschaften, die immer danach gestrebt hatten, Teil des bürgerlichen Lebens zu sein, und die nunmehr das Gelobte Land vor sich erblickten.

Das »Gesetz gegen die gemeingefährlichen Bestrebungen der Sozialdemokratie« wurde 1879 durch den Reichstag gebracht, mit Mühe und unter Aufbietung aller Bismarckschen Überredungs- und Überwältigungskunst. Ob es dabei mehr um die Erzeug[...] bismarcktreuen Mehrheit bei den Wahlen ging oder [...] [un]terdrückung der Sozialisten, ist bis heute offen. Denn [...] listen wurden nicht unterdrückt. Sie waren weiterhin im [Reic]hstag, sie durften nur nicht öffentlich für ihre Ziele [...] Gemessen an dem, was politische Unterdrückung im 20[...] [Jahrhun]dert heißen sollte, war dies ein Kinderspiel. Zwölf Jahre später, als das Sozialistengesetz keine Mehrheit mehr fand, stimmte jeder vierte Wähler sozialistisch, während der liberale Anteil an Stimmen und Mandaten unaufhaltsam zurückging. Aufstieg und Fall des Sozialistengesetzes bezeichneten auch Höhepunkt und Niedergang der Bismarckschen Macht.

Das deutsche politische System jener Epoche verband monarchischen Absolutismus und parlamentarische Demokratie in jenem niemals definierten Spannungsverhältnis, das man den »deutschen Konstitutionalismus« (E. R. Huber) genannt hat. Es gab keine »Reichsregierung«, und wenn der Begriff in amtlichen Akten auftauchte, zog sich der Schuldige eine Rüge von höchster Stelle zu. Der Reichskanzler trug allein die »Verantwortung«. Aber wem gegenüber er verantwortlich war – dem Kaiser, Gott, der Geschichte –, blieb unbestimmt. Dem Parlament hatte er auf Fragen zu antworten, das bedeutete aber noch lange nicht Verantwortung in irgendeinem verbindlichen Sinne. Wichtiger war, dass der Kanzler und die »Reichsverwaltung« – so der staatsrechtlich korrekte Begriff – Mehrheiten brauchten. Aber das förmliche Vertrauen der Reichstagsmehrheit wiederum brauchte er zu seiner Amtsführung nicht. Ein Misstrauensvotum nach englischem Maß, wie Reichskanzler von Bethmann Hollweg kurz vor dem Ersten Weltkrieg betonte, gab es nicht.

Es gab die Reichsämter, an ihrer Spitze Staatssekretäre, unter anderem für das Auswärtige Amt, das Schatzamt, das Reichsamt des Innern, für die Post, die Marine – im Gegensatz zum Heer Reichssache – und die Justiz. Den Staatssekretär aber, der dem Reichstag für den weitaus größten Teil des Haushalts hätte geradestehen müssen, das Militärbudget, den gab es nicht. Der Militärhaushalt wurde stattdessen durch den preußischen Kriegsminister verwaltet und notfalls im Reichstag vertreten, in der Regel knapp und abweisend. Alle Angelegenheiten der königlichen – nicht kaiserlichen – »Kommandogewalt« blieben dem Monarchen. Der Chef des Großen Generalstabs war ihm als Oberkommandierendem direkt unterstellt und verantwortlich. Das Militärkabinett hatte alle Personalfragen in der Hand.

Staatssekretäre konnten nicht Mitglieder des Reichstags sein, sie waren Beamte, und damit es keinen Zweifel über ihren minderen Rang gab, rangierten sie im Hofzeremoniell hinter den preußischen Staatsministern. Verwaltungsangelegenheiten des Reiches wurden im Wesentlichen durch die Reichsämter wahrgenommen, aber die Gesetzgebung für das Reich wurde vorbereitet und koordiniert in den einzelnen Ressorts des Preußischen Staatsministeriums. Im Kreis der preußischen Minister war der Ministerpräsident nur *primus inter pares*. Entscheidend war, wer die 17 preußischen Stimmen im Bundesrat instruierte. Das aber war kein anderer als der preußische Minister der Auswärtigen Angelegenheiten, und der hieß von 1862 bis 1890 Bismarck.

Innerhalb dieser von Bismarck 1866/67 so absichtsvoll unübersichtlich konstruierten Verfassungslage hatte der Reichstag wenig Macht – außer, dass es ohne seine Zustimmung kein Gesetz und keinen Haushalt gab. Auch die Einzelstaaten hatten wenig Kontrolle – außer, durch ihr Votum im Bundesrat. Im Militärischen setzte sich der Absolutismus nahezu unvermindert fort. Es bestand im Prinzip Einigungszwang unter den Verfassungselementen. Wenn aber nicht – was dann? Dann mochte sich das Parlament daran erinnern, dass 1862 eine Lücke in der preußischen Verfassung aufgetaucht war und mehrere Jahre lang ohne verfassungsmäßig zu Stande gekommenen Haushalt regiert worden war. Und wenn dann noch Zweifel blieben, so war es Bismarck, der *in extremis* mit dem Staatsstreich drohte: »Man muss den Reichstag schussrecht kommen lassen«, deutete er in der Jägersprache an, was gemeint war. Als er zum letzten Mal drohte, zu Beginn des Jahres 1890, da war es allerdings der Kanzler, der fiel, und nicht der Reichstag.

Der Reichstag konnte keinen Kanzler, keinen Reichs-Staatssekretär stürzen. Allerdings konnte auch die Regierung nicht ihre Arbeit tun, wenn sie nicht Mehrheiten im Parlament fand, zusammenkaufte oder durch Drohungen erzwang. Im Wettbewerb um Regierungseinfluss und Öffentlichkeit entwickelten sich neben, mit und in den politischen Parteien die organisierten Interessen, zumeist in Verbandsform. Sowohl die Parteien als auch die Verbände suchten Einfluss auf die großen Hauptstadtzeitungen, und nicht wenige Zeitungen, vom sozialdemokratischen »Vorwärts« bis zur konservativen »Kreuzzeitung«, waren Parteiblätter. Sie alle suchten eine Stimme in der großen Oper, genannt deutsche Politik. Teile davon waren, zumal wenn es um die Wahlen zum Reichstag ging, demokratisch. Das Ganze aber war durchaus funktional im Übersetzen von immer mehr und immer unterschiedlicheren Interessen in einen politischen Prozess, der so unvorhersagbar war wie in den westlichen parlamentarischen Systemen der Epoche.

Der »Eiserne Kanzler«, wie der von Nervenleiden geplagte Mann an der Spitze anbetend genannt wurde, war alles andere als eisern. Er sah Revolutionen, feindliche Koalitionen und Untergänge. »Der Staatsmann muss pessimistisch sein. Die Gefahren lauern überall.« Was Adenauer sagte, hat Bismarck ähnlich gesagt. Das strategische Ziel war es, das preußisch-deutsche Reich gegen die Folgen seiner halbrevolutionären Entstehung festzumachen und, so gut es gehen wollte, wieder Sicherheit zu finden in einem erneuerten Wiener System. Bismarcks Innenpolitik war darauf gerichtet, gesellschaftliche Gleichgewichte zu bewahren, in denen das agrarische Interesse über allem stand. Aber diese Strategie musste auf die Dauer scheitern gegenüber dem Aufstieg der Industrie, die unentbehrlich war, um Arbeit zu schaffen für die schnell wachsende Bevölkerung.

Gleichgewichte schaffen: Das Sozialistengesetz wurde wenige Jahre später ausgeglichen durch Einrichtung der zwangsgenossenschaftlichen Sozialversicherung gegen die Gefahren des Arbeiterlebens: Unfall, Krankheit und Invalidität. Noch mehr Gleichgewichte: Der lange Kampf gegen den politischen Katholizismus endete, als Bismarck die Zentrumsstimmen brauchte. Seit 1882 wurden durch das Reichskolonialamt die Trommeln gerührt für Kolonien – aber das Echo war stumm, und die Deutschen strömten weiterhin nach Nordamerika – eine Massenauswanderung von an die Hunderttausend jungen Menschen Jahr um Jahr, die anhielt bis zum großen Crash von 1893. Das war auch das Ende der freien Landnahme.

Die Innenpolitik wurde überschattet von der Großen Depression, die im Mai 1873 mit dem Wiener Börsenkrach begonnen hatte und seitdem in Wellen wiederkam, das Sozialklima radikalisierte, die zweite Generation der Interessenverbände ins Leben rief und alle Sozialkonflikte wie ein Reibeisen verschärfte. War die Innenpolitik der Jahrzehnte nach 1871 ein System von Aushilfen, so war die Außenpolitik, wenn man genau hinschaut, nicht viel besser. Mit Österreich ließ sich der Bruch von 1866 überwinden, zumal angesichts der gemeinsamen russischen Bedrohung. Mit Frankreich gelang es nicht. Die Weisheit des Wiener Kongresses, das geschlagene Frankreich schonend zu behandeln und wieder zur Stütze des Gleichgewichts zu machen, hat Bismarck nicht besessen. Später, als es längst zu spät war, wollte er zurück zu der großen Gleichgewichtspolitik der Staatsmänner des Wiener Kongresses – und konnte es doch nicht. Nicht lange nach dem Triumph von Versailles, im Mai 1872, sagte er einer erschreckten Abendgesellschaft in Frack und Abendkleid: »Mein Schlaf ist keine Erholung. Ich träume weiter, was ich wachend denke, wenn ich überhaupt einschlafe. Neulich sah ich die Landkarte von Deutschland vor mir, darin tauchte ein fauler Fleck nach dem anderen auf und blätterte sich ab.«

Nach den drei gewonnenen Kriegen war es Bismarck, der wieder und wieder die Segnungen des Friedens predigte, des Gleichgewichts und der Bewahrung des Status quo. In einer Depesche an den Botschafter in St. Petersburg, welche als »Kissinger Diktat« bekannt wurde, hat er 1875 einmal dargestellt, was ein System sein sollte, und doch keines war.

»Ein französisches Blatt sagte neulich von mir, ich hätte ›le cauchemar des coalitions‹; diese Art Alb wird für einen deutschen Minister noch lange, und vielleicht immer, ein sehr berechtigter bleiben. Koalitionen gegen uns können auf westmächtlicher Basis mit Zutritt Österreichs sich bilden, gefährlicher vielleicht noch auf russisch-österreichischer-französischer ...« Die Folgerung: kein weiterer Ländererwerb, sondern eine politische Gesamtsituation, »in welcher alle Länder außer Frankreich unser bedürfen, und von Koalitionen gegen uns durch ihre Beziehungen zueinander nach Möglichkeit abgehalten werden«.

Der Kaiser in Wien brauchte Ruhe, um sein unruhiges Vielvölker-Imperium zusammenzuhalten. Der Zar brauchte Ruhe, um die Wiedergeburt Polens zu verhindern, geteilt zwischen Russland, Österreich und Preußen, und um die unruhigen Völker des Kaukasus und Zentralasiens unter der Knute zu halten. Bismarck kultivierte die Dreikaiser-Allianz. Aber die Unruhe auf dem Balkan gegen die osmanische Herrschaft und die Erbschaftsansprüche zwischen Russen und Österreichern kündigten Krieg an. Der Panslawismus in Russland, Katkow an der Spitze, forderte Intervention auf dem Balkan und Druck auf die Dardanellen. Das aber bedeutete früher oder später Krieg mit Großbritannien, wie im Krimkrieg, oder mit Österreich-Ungarn, oder beiden. Bismarck gab den Russen beruhigende Versicherungen, dass Deutschland keine Balkaninteressen habe – im Reichstag: »Der ganze Balkan ist nicht die heilen Knochen eines pommerschen Musketiers wert.«

Aber 1877 griff Russland auf der Seite der Serben in den Krieg gegen die Osmanen ein und diktierte am Ende des Jahres, als russische Regimenter nahe dem Bosporus kampierten, den Frieden von San Stefano. Die Briten nahmen die Ausweitung russischer Macht nicht hin, drohten mit Krieg und zwangen die Russen in London an den Verhandlungstisch. Bismarck musste, weil früher oder später Deutschland hineingezogen worden wäre, ebendas tun, was er zuvor monatelang unbedingt hatte vermeiden wollen: einen Kongress nach Berlin einberufen, der die Russen mit ihrer diplomatischen Niederlage versöhnte. Während der Zar darauf rechnete, Bismarck werde ein geneigter Schiedsrichter sein, wollte der den »ehrlichen Makler« machen – was sein Bankier Bleichröder so kalt wie hellsichtig kommentierte: »Es gibt keinen ehrlichen Makler.«

Der Balkan wurde neu geordnet, die Türkei in ihrem europäischen Bestand noch einmal gerettet. Die Russen aber zeigten keine Dankbarkeit für die ihnen zuteil gewordene Gesichtswahrung, sondern Enttäuschung, dass Bismarck und das mächtige Deutsche Reich den 1870 ausgestellten Wechsel nicht eingelöst

Unterdessen verlangten russische Zollbeamte an der :, auf deutsche Exporte sei der Eingangszoll in Gold und nehr, wie bislang, in Papierrubel zu entrichten – was Verlung bedeutete. Die Deutschen antworteten 1879 mit Eingangszöllen auf russisches Getreide. Ein Handelskrieg kam in Gang, begleitet von schrillen Tönen auf beiden Seiten.

Bismarck suchte Sicherungen, aber deren gab es nicht viele. Der »Zweibund« mit Wien war 1879 wohl nur dazu gedacht, den Russen eine österreichische Option zu verstellen. Tatsächlich hat er das an Russland gerichtete Beruhigungswort vom pommerschen Grenadier dementiert. Von nun an gab es, kam es zum großen Balkankrieg, kein Ausweichen mehr. Bismarck hat deshalb dem Wiener Vertrag sogleich einen neuen Vertrag mit Russland an die Seite gestellt: beide Regierungen, die in Wien und die in St. Petersburg, sollten vom Krieg abgeschreckt werden, indem Deutschland sich den Bündnisfall offen hielt. Vielleicht war dies ein Meisterstück, vielleicht schon Ausdruck wachsender Ratlosigkeit. Denn der Vertrag mit dem Zarenstaat musste schon aus Rücksicht auf die Panslawisten geheim gehalten werden: wenige Jahre später begannen die russisch-französischen Anbahnungen, die in dem Bismarck immer unmöglich erscheinenden Militärbündnis zwischen der radikalen Republik und dem erzkonservativen Zarenstaat endeten.

Dazwischen allerdings lag noch einmal, von 1887 bis 1890, ein Moment des Zögerns und des Zurückschauderns vor dem Abgrund. Es war die Zeit, da die deutschen Militärs mehr und mehr wahrnahmen, dass in den polnischen Wäldern kurz hinter der deutsch-russischen Grenze die Manöver der schnellen Kosakentruppen immer größer wurden und länger dauerten. Es war auch die Zeit, da Bismarck dem Berliner Börsenvorstand bedeuten ließ, russische Anleihen – sie rentierten immer um einen

Prozentpunkt höher als diejenigen bester westlicher Adressen – seien nicht mehr als mündelsicher zu bewerten. Es grenzte an ein Wunder, dass Giers auf der russischen und Bismarck auf der deutschen Seite 1887 noch den Rückversicherungsvertrag zu Stande brachten. Zwar galt er der Wilhelmstraße nicht mehr als Friedensgarantie. Aber er würde wohl doch, wie der Staatssekretär des Auswärtigen Amts, der Bismarck-Sohn Herbert, bemerkte, im Kriegsfall »uns die Russen sechs Wochen länger vom Halse halten, als ohnedem«.

Bismarcks Bündnisse waren am Ende nur noch Fragmente. Der Zauberlehrling hatte 1870 die Geister gerufen, als Frankreich ohne Not amputiert und gedemütigt wurde. Seitdem gab es kein Wort mehr, sie zu bannen. Bismarck hatte alles getan, die Franzosen bündnisunfähig zu halten und ihre Interessen in Afrika und Asien zu fördern, damit sie die blaue Linie der Vogesen vergaßen, aber vergeblich. Die Statue Straßburgs an der Place de la Concorde, die verlorene Tochter am Rhein, blieb schwarz verschleiert. Revanche, verbunden mit Angst, war die Idee, welche die tief zerstrittene Dritte Republik Frankreichs zusammenhielt. Frankreich suchte Sicherheit im europäischen Gleichgewicht, noch mehr aber im Bündnis mit Russland.

Bismarck hatte immer aufs Neue das Bündnis mit Großbritannien gesucht. Es war nicht gescheitert, aber es war auch nicht geglückt: immerhin hatte Bismarck alles vermieden, Whitehall und die City wegen Afrika oder wegen irgendwelcher Flottenträume in die Quere zu kommen. Schon mit Rücksicht auf Russland und russische Interessen in Zentralasien, wo das »Great Game« zwischen Briten und Russen um die weiten Territorien vom Kaukasus bis zum Khyberpass in Gang war, blieb auch in Berlin ein deutsch-englisches Bündnis immer mit Vorsicht zu betrachten.

Österreich-Ungarn war der einzige deutsche Bündnispartner, und das Bündnis mit Italien war von solcher Art, dass man es nicht der geringsten Belastung aussetzen durfte, schon gar nicht dem Kriegsfall. Die Habsburgermonarchie – Robert Musils hoffnungsloses »Kakanien« – aber bedurfte mehr der Stützung, als dass der Habsburgerstaat im Notfall Hilfe geben konnte. Das Bündnis mit Wien war hauptsächlich dazu bestimmt, den deutschen »cauchemar des coalitions« zu beruhigen. Aber es war unübersehbar, dass die heilen Knochen des pommerschen Musketiers eines Tages doch in Gefahr geraten mussten.

Am Ende seiner Zeit, als Bismarck Bilanz zog, hatte er viel erreicht. Auf dem Berliner Kongress 1878 hatte er Europa »vierelang vom Bock« kutschiert, auf der Kongo-Konferenz 1884 die Grenzlinien der europäischen Kolonialreiche in Afrika eingezeichnet. Aber das Bündnissystem, das ihm immer vorschwebte, war nichts als ein Traum. Das Verhältnis zu Russland war noch in seiner Amtszeit verdorben. Was blieb, war ein System von Aushilfen.

V. DEUTSCHE VERSCHIEDENHEIT

Dem Deutschen Reich von 1871 war seine europäische Rolle un-
gewohnt. Zu groß für das Gleichgewicht, zu klein für die Hegemonie, war die deutsche Lage ungewiss und doppeldeutig. Und
ebenso wenig waren die Deutschen, mitten in den Umbrüchen
der Politik, des Erwerbslebens und des Seelenlebens, ihrer selbst
sicher. In der Erinnerung der Menschen hatte es niemals so viel
Anfang gegeben – und niemals so viel Ende. Wer 1848 ein junger
Mann gewesen war, war jetzt im reifen Mannesalter. Wer noch
mit der Postkutsche gereist war, nahm jetzt die Bahn. Wer
früher lange auf Nachrichten hatte warten müssen, der nutzte
jetzt den Telegrafen. Die Landkarte selbst hatte sich verändert:
der Deutsche Bund war dahin, mit ihm Staaten, die noch gestern
auf Jahrhunderte einer stolzen Geschichte und auf eine europäische Rolle zurückgeblickt hatten.

Jetzt gab es das Deutsche Reich. Aber die Begeisterung war
nicht groß. Bei den ersten Wahlen zum Reichstag machte sich
kaum jeder zweite die Mühe, seine Stimme abzugeben. Man
musste sich erst noch an die neuen Verhältnisse gewöhnen, die
neuen Begriffe, die neue Geographie der Politik, der Wirtschaft
und der Seelen. Die meisten der 41 Millionen Menschen, die innerhalb der neuen deutschen Grenzen lebten, eingeschlossen
die Bewohner der neuen »Reichslande« Elsass und Lothringen,
hätten sich selbst schwerlich als Deutsche bezeichnet, sondern
voller Patriotismus als Bayern, Preußen, Badener, Sachsen etc.
Die Bewohner der nördlichen bayerischen Regierungsbezirke,
die einstmals die Markgrafschaften Ansbach und Bayreuth
gewesen waren, die Freie Reichsstadt Nürnberg, Hochstifte,
Abteien und Reichsritter, hätten sogar hinzufügt, eigentlich
seien sie Franken. Die Bewohner der Rheinlande hätten mit

einer herablassenden Bemerkung über Berlin und Preußen an ihre Besonderheit erinnert, die in vielen Jahrhunderten einer stolzen Geschichte wurzelte. In den großen Häfen der Nordsee und der Ostsee hätte man sich als Hanseaten identifiziert in Erinnerung an den Glanz der mittelalterlichen Hanse, jener mächtigen Kaufmanns-Allianz, welche die Wellen ebenso wie den Handel beherrschte. Diese Selbstbeschreibung hatte immer – und hat bis heute – einen Unterton von Distanz zu den übrigen Deutschen, zu Bismarck und Berlin. Aber selbst Bismarck und der Kaiser, den er geschaffen hatte, hätten sich wie selbstverständlich als Preußen oder, weiter zurück in der Geschichte, Märker oder Brandenburger bezeichnet. Bismarck nannte sich, halb drohend, halb schmeichelnd, einen »kurbrandenburgischen Vasallen«. Niemals vergaß er, dass seine Vorfahren schon lange in der Mark begütert waren, bevor anno 1416 die Nürnberger Burggrafen vom Kaiser mit der Mark Brandenburg belehnt wurden.

Föderalismus war immer – und so auch heute – die stärkste verfassungsmäßige Ausprägung des Bestrebens unter den Deutschen, sich vom Zentrum zu distanzieren, von Bonn oder Berlin, ja selbst vom Deutschsein. Föderalismus leitet sich ab von *foedus*, dem Bündnis, und selbst wo alles Latein verloren ging, blieb doch das Bewusstsein der Verschiedenheit. Föderalismus erwies sich über die Jahrhunderte hinweg als die einzige Form, in der die Deutschen bereit waren, miteinander zu leben. Goethe sagte durch den Mund eines der Protagonisten in den »Wanderjahren«: »Wir fürchten uns vor einer Hauptstadt.«

Zu den Beschwerden wider die Bismarcksche Konstruktion gehörte immer, es handele sich um eine Hegemonialkonstruktion, schwach versteckt hinter der höflichen und politisch korrekten Sprache der Reichsverfassung, in der vom »Bündnis der

Fürsten und der Senate der Freien Städte« die Rede war. In der Tat, seit 1866 war es die Großmacht Preußen, die wirtschaftlich, industriell, finanziell, administrativ und militärisch den Ton angab: Zwei Drittel des deutschen Territoriums lebten unter dem preußischen Adler, drei Fünftel der Bevölkerung. Es waren die preußischen Ministerien in den Palais der Wilhelmstraße, welche den Reichsämtern die Vorlagen machten, die jederzeit hineinregierten und bestimmten, was auf den Weg der Gesetzgebung in Reichstag und Bundesrat geschickt wurde. Das preußische Staatsministerium konnte durch sein Veto alles blockieren. Die Staatssekretäre an der Spitze der Reichsämter standen gesellschaftlich und bei Hofe hinter den preußischen Ministern »mit dem Titel Exzellenz« – so die amtliche Sprachregelung.

Aber selbst nachdem Bayern, Württemberg und Baden in das Reich inkorporiert waren – allesamt in ihrer modernen Form Schöpfungen von Napoleons Gnaden, um seinen strategischen Zwecken zu dienen –, vergaßen viele der Süddeutschen nie, dass ihre Vorväter Herren ihres eigenen Schicksals gewesen waren, ihr eigenes Geld geprägt, ihre eigenen Steuern bewilligt hatten, und dass niemand über der Stadtregierung oder dem Abt oder dem Bischof gestanden hatte als der ferne Kaiser: »Romanorum Imperator Semper Augustus« – wie es auf den alten, längst außer Kurs gesetzten Münzen einst zu lesen war. Die Kölner Bürger betrachteten die Preußen, die 1813 den Franzosen gefolgt waren, lange Zeit als halbbarbarische Besatzung. Vom Franc zum Taler überzugehen, musste ihnen Jahre nach dem Ende der Franzosenzeit erst nachdrücklich anbefohlen werden. Sie verspotteten die preußischen Militärrituale im jährlichen Karneval. Im Jahr 1848 hatte die Revolution im Rheinland einen deutlich antipreußischen Unterton, auch wenn die Unternehmen alsbald

durch Silber aus dem Staatsschatz im Spandauer Juliusturm gerettet wurden. Nach 1918 gab es eine Strömung des rheinischen
Separatismus, die vielleicht nicht weg von Deutschland wollte,
aber gewiss von Preußen. Im Westen, wo man zum Empire Fran-
çais gehört hatte, galt der Code Napoleon bis zur Einführung des
Bürgerlichen Gesetzbuchs im Jahr 1900, so wie im Osten das Allgemeine Landrecht für die Preußischen Staaten, worin sich das
Denken der Aufklärung mit vor-revolutionären Rechtsvorstel-
lungen verband.

Die Verschiedenheit der deutschen Lebensformen war tief
verwurzelt im Alltag, in Hunderten von Brot- und Biersorten, in
Trachten, Sprache, Sitten und Gebräuchen. Die Menschen sprachen den Dialekt ihrer Landschaft, ihrer Stadt, ihres Tales, und
schon ein paar Meilen weiter klang alles wieder anders. Nur die
Schichten von Besitz und Bildung sprachen Hochdeutsch, mussten sich aber des Dialekts bedienen, wenn sie zum Gesinde sprachen oder mit einfachen Nachbarn. Bismarck, Verfasser poeti-
scher Briefe und als Parlamentsredner unübertroffen, sprach
mit seinen Bauern an der Unterelbe selbstverständlich Platt-
deutsch – eine Sprache, die im Süden niemand verstanden
hätte, so wenig, wie die niederbayerische Sprache von Straubing
im Norden zur Verständigung verholfen hätte. Die Menschen
vom Bodensee, wären sie denn jemals so weit gereist, hätten sich
in Schleswig-Holstein wie auf einem anderen Kontinent ge-
fühlt. Das Deutsche hatte, vor den großen Völkerwanderungen
des 20. Jahrhunderts und dem Fernsehen, viele Tonlagen und
Melodien, überall einen anderen Sprachschatz, der die Leiden
und Erfahrungen vieler Generationen in sich trug. Zugleich galten die anderen Idiome den Deutschen, wenn sie ihnen nicht
unverständlich waren, zumindest als komisch. Die Sachsen, ge-
segnet mit einem Tonfall, der für Nicht-Sachsen bestenfalls wie

eine Karikatur, schlimmstenfalls wie ein Sprachfehler klingt, konnten ihre Intonation nur durch intellektuelle und industrielle Leistung, von Luther bis Wagner, vergessen machen.

Aber Sprache war nur eine unter vielen Ausdrucksformen der von den Deutschen bis heute geliebten Verschiedenheit. Wie Häuser gebaut und Dörfer angelegt wurden, war sehr unterschiedlich zwischen Nord und Süd, Ost und West, und alte Trennungslinien wie die zwischen Franken und Sachsen lassen sich bis heute darin wiederentdecken, aber auch die Unterschiede zwischen Gutsherrschaft im Osten und Grundherrschaft im Westen, zwischen westfälischen Meierhöfen und oberbayerischen Einödbauern. Der Osten, ohnehin von jeher dünn besiedelt, verlor das ganze 19. Jahrhundert hindurch die Menschen, die nach Berlin gingen – meist buchstäblich gingen, wandernd, zu Fuß. Dagegen drängten sich im Süden, zumal in Schwaben, die Städte, die immer vom Gewerbefleiß ihrer Bewohner gelebt hatten, nicht vom Ackerbau, und die bis heute das Herzland mittelständischer Industrien sind.

Das Essen war, mehr als alles andere, selbstverständlicher Ausdruck der Verschiedenheit. Am meisten galt das für Bier, das ebenso als Nahrungsmittel wie als Getränk in großen Mengen konsumiert wurde, aber wegen seiner raschen Verderblichkeit kaum transportierbar und haltbar war. Brot und Kuchen kamen in den seltsamsten Formen vor, die oftmals geschichtliche oder magische Ursprünge verrieten. Brötchen wurden vor Tau und Tag gebacken in Formen, die an weibliche Genitalien erinnern – eine Art Fruchtbarkeitszauber. Brot war zumeist von der dunklen, krustigen Art, durch den verwendeten, kunstvoll bereiteten Sauerteig lange Zeit haltbar. Weizen war zu teuer, als dass Weißbrot zum täglichen Brot hätte zählen können, dasselbe galt für Fleisch. Allenfalls an Sonntagen kam es auf den Tisch: in fei-

erlicher Familienzeremonie, der Vater als Zuteiler der besten
Stücke. Fisch war im Norden, soweit die Kühlung reichte, ein
Grundnahrungsmittel, so billig, dass in Köln, als der Rhein noch
ein grün-weißes, reißendes Alpengewässer war, das Gesinde verlangte, nicht alleweil Lachs essen zu müssen. Im Süden gab es
Süßwasserfisch aus den Teichen der alten Mönche, vorzugsweise
freitags und in der Fastenzeit. Wurst gab es in Hunderten von
Sorten, Käse dagegen war eine übel riechende Sache. Die feineren
Sorten aus der Schweiz oder Frankreich mussten darauf warten,
dass die Eisenbahn Kühlwagen einsetzte – was die Linde-Erfin-
dungen der Jahrhundertwende voraussetzte –, bis sie in Deutschlands Delikatessenläden zu kaufen waren.

Bier war für die Massen, Champagner sowie Wein und Cognac für die Klassen. Wein bedeutete zumeist Riesling vom Rhein,
der in guten Jahrgängen sich lange hielt. Es gab Silvaner in den
seltsamen Flaschen, Bocksbeutel genannt, in denen fränkische
Winzer ihre Weine abfüllten – auch dies wohl Anspielung auf ältere Fruchtbarkeitsrituale. Riesling kam auch von der unteren
Saar, vom Ruwer, von Mosel und Oberrhein. Wein wurde auch
an den schiefrigen Südhängen oberhalb von Saale und Unstrut
angebaut, wie unweit Schloss Pillnitz, elbaufwärts von Dresden.
Deutscher Champagner musste nach dem Versailler Vertrag
1919 Sekt genannt werden, während die deutsche Antwort auf
Cognac und Calvados in vielen Sorten Selbstgebranntem be-
stand – oft mit obrigkeitlicher Genehmigung, oft auch ohne. Im
Norden waren Gerste und Kartoffeln der Ausgangsstoff; im
Süden Kirschen, Pflaumen, Äpfel oder Birnen.

Selbst die Zeiten, zu denen die Menschen ihre Mahlzeiten
einnahmen, waren verschieden. Für die Arbeiter begann der
Tag bei Sonnenaufgang und endete bei Sonnenuntergang:
künstliche Beleuchtung war ein Luxus. Die Arbeitstage waren

lang, oftmals zehn oder mehr Stunden am Tag, mehr als 50 Stunden in der Woche. Als Robert Bosch der Ältere 1912 in seinen Unternehmen den 48-Stunden-Tag einführte, wurde er der »rote Bosch« genannt, obwohl er doch nur festgestellt hatte, dass in den High-Tech-Werkstätten der Ausschuss zunahm, wenn die Arbeiter erschöpft waren.

Nur der Sonntag war arbeitsfrei, der »blaue Montag« war mit dem Alten Handwerk dahin. Im Gegensatz dazu war das Privileg, nach Sonnenaufgang weiterzuschlafen und spät in die Nacht hinein zu essen und zu trinken – »dinieren« war die zusammenfassende Bezeichnung –, Zeichen höherer und höchster Lebensart. Arbeiter nahmen im Henkelmann Suppe mit in die Werkstatt, Schwarzbrot und Wurst – Kantinen kamen erst Jahrzehnte später auf. Im Gegensatz dazu begannen die Wohlbetuchten ihren Tag mit dem Morgenausritt und einem Sattelfrühstück, gefolgt von Dejeuner oder Lunch – Oberschichtenname für das Mittagessen –, dem der Five o'Clock Tea mit Musik in einem der eleganten Hotels folgte. Das Abendessen früh zu nehmen, verriet Mangel an Klasse. Die großen Dinners begannen spät, mit Kerzenschein. Wenn die Gäste acht oder zehn Gänge zu meistern hatten, galt das nicht als Zumutung. Im Gegenteil, der Glanz der Tafel und die großen Namen der Getränke setzten den Namen des Gastgebers erst ins rechte Licht.

Große silberne Tafelaufsätze in der Mitte der Tafel, Blumengebinde und hohe Kandelaber ließen das Porzellan von Berlin, Meißen oder Nymphenburg erglänzen und missgünstige Gäste vor Neid erbleichen. Selbstverständlich zeigte das schwere Tafelsilber die Initialen von Hausherr und Hausherrin oder, wenn von Adel, ein kleines Krönchen mit zahlreichen Zacken: neun, wenn es sich um ein gräfliches Haus handelte, sieben für Freiherren. Es galt als vornehmer, Silber und Mobiliar gekauft statt geerbt zu haben. Die alten Sachen überließ man armen Verwandten. Gemessen wurde der Aufwand eines Dinners am Verbrauch von Kaviar und Champagner, Fisch, Wild und Früchten außerhalb ihrer Saison, der Ertrag aber am Staunen der Gäste, dem Bericht in der Zeitung und der Zahl der Geschäftsabschlüsse, die nach dem Essen im Rauchzimmer ohne Damen besprochen worden waren.

Fließend warmes und kaltes Wasser war eine Annehmlichkeit, die man schon im 18. Jahrhundert hier und da, wie zum Beispiel im Schloss Wörlitz an der Mittelelbe, gekannt hatte. Aber Standard wurden solche Wunder erst um die Jahrhundertwende, und auch nur in feinen Häusern. WC war die Abkürzung für das *water closet*, dass schon sprachlich seine Herkunft aus England und seinen gesellschaftlichen Rang verriet. Auch das Badezimmer war denjenigen vorbehalten, die es sich leisten konnten. Für die meisten Menschen mussten Waschkanne und eine Schüssel aus schwerem Billigporzellan reichen, dazu die Toilette halbstock oder über den Hof zu erreichen, mit einem ausgeschnittenen – unerklärlichen, aber unzweideutigen – Herzchen in der Tür, geteilt mit anderen Familien. Badewannen waren nicht unbekannt, zuerst aus Holz oder Kupferblech, dann aus Gusseisen, aber sie galten als exzessiver Luxus. Wenn der alte Kaiser ein Bad wollte, so ließ er – so geht die Sage – die Wanne aus einem nahe gelegenen Hotel Unter den Linden herbeibringen. Erst die Einführung des elektrischen Stroms in die städtischen Haushalte, gegen Ende des 19. Jahrhunderts, machte das tägliche Leben wärmer, die Hausmädchen entbehrlicher und die Räume heller.

Überhaupt hatten die modernen Technologien eine egalitäre Wirkung. Bis dahin hatten sich die Lebenssphären von Arm und Reich kaum berührt. Aber das Fahrrad, seit etwa 1870 ein Massengut, erlaubte dem kleinen Mann eine Geschwindigkeit, die bisher unerreichbar gewesen war; noch mehr galt das für die Eisenbahn. Da gab es vier verschiedene Wagenklassen: die vierte Klasse für die Armen mit ihren Traglasten, die dritte für die Mittelschichten, die zweite für Damen und die erste für die Reichen. Aber die Beschwerde des Königs von Sachsen verriet eine Revolution: er beginne die Reise zum selben Zeitpunkt wie der arme Teufel und beende sie auch zur selben Zeit. Natürlich flüchteten die höchsten Herrschaften, wo sie konnten, in den eigenen Salonzug, wenigstens aber in ihren Sonderwagen mit Wappen und Krone. Wo aber der Raum sich allen öffnete, war auch die Zeit ein großer Gleichmacher. Eisenbahn und Industrie erforderten Standardzeit: das war etwas, was es früher nicht gegeben hatte. Dies und die billige stählerne Taschenuhr bedeuteten, dass das Maß der Zeit nicht mehr Privileg der Herrschaft war, sondern Bedingung des Alltags.

Von Urlaub sprach man nur in militärischem Zusammenhang. Soldaten erhielten Urlaub von der Truppe. Vornehme Leute dagegen sprachen von Ferien, unvornehme wussten nicht einmal, was das war. Die Eisenbahnen erlaubten schnelles, weites Reisen, ohne die Fährnisse der Postkutschentechnik und der alten Straßen, die winters im Schlamm und sommers im Staub versanken. Jetzt konnte man, so man das Geld hatte, die Hochzeitsreise nach Italien machen oder zum Wochenende von Berlin an die Ostsee zu den klassizistischen Bauten von Heiligendamm fahren. Speisewagen und Schlafwagen wurden in den 1880er Jahren erfunden. Im Süden ging nichts über die Riviera, dazwischen die Schweizer Berge und Seen, von wo buntkolorierte Postkarten an die Daheimgebliebenen abzusenden waren. Die Alpen verloren den Schrecken der Vergangenheit und wurden Ziel wagemutiger Kletterer und der ersten Skiläufer. Johanna

Spyris »Heidi« erneuerte die Botschaft des späten 18. Jahrhunderts vom einfachen Leben der Alpenbauern und der seelischen Gesundung, die der Städter inmitten der erhabenen Bergwelt erwarten durfte. Züge und Straßenbahnen erlaubten es, in Gartenvorstädten zu wohnen. Hampstead in London fand sein Gegenüber in Dahlem und Grunewald bei Berlin, Ebenhausen und Starnberg bei München. Die »Garden City« wurde zum Gegenbild des Moloch Metropolis.

Gesundheit wurde Lebensform und Lebensziel wie nie zuvor, und damit Jugendlichkeit und Sport. Wiederum gingen Reich und Arm getrennte Wege. Die Oberschichten spielten Tennis oder Golf und praktizierten dabei ein rudimentäres Englisch, oder sie ritten aus. Studenten – jedenfalls die militant gesonnenen in Korporationen oder Burschenschaften – widmeten sich dem Fechten mit Degen oder, wenn es ernst wurde, mit schwerem Säbel. Das geschah weniger aus Gesundheitsgründen als für Ehre, Prestige und Empfehlungen der Alten Herren. Ein »Schmiss«, das heißt die Spur einer schweren Klinge quer im Gesicht, wurde lebenslang getragen wie ein Orden, war Zeichen der Virilität und dem Fortkommen förderlich, zumal in Verbindung mit dem Leutnant d. Res. auf der Visitenkarte. Offiziere unterstanden zwar einem strengen Duellverbot: war aber ihre Ehre verletzt, dann war es undenkbar, dem Duell auszuweichen.

Sport verband nicht, sondern teilte. Fußball war für die so genannte gute Gesellschaft undenkbar, ob nun als Spieler oder Zuschauer. Wer Fußball liebte, der liebte auch Radrennen und Boxen. Die Sozialdemokratische Partei, die den Ihren von der Wiege bis zur Bahre eine Gegenwelt stiftete, organisierte auch den Arbeitersport.

Die eine und einzige deutsche Gesellschaft gab es nicht, sondern deren mehrere. Das Leben auf einem preußischen

Gut, ob bescheidenen Zuschnitts wie das durchschnittliche Rittergut oder Liegenschaften von Horizont zu Horizont wie die der Dönhoffs, der Dohnas oder der Lehndorffs, blieb noch lange, eigentlich bis zum Ende anno 45, den alten Lebensformen verhaftet. Aber auch hier spürte man, obwohl man beim Essen nicht darüber sprach, den Preisdruck, der seit den 1870er Jahren die Erlöse verminderte, die Hypotheken erhöhte und den Lebensstil einengte.

Der Protest und die Radikalisierung, die noch vor der Jahrhundertwende den »Bund der Landwirte« ins Leben riefen, sollten diese Welt der Gutshöfe politisieren wie zuvor allenfalls das »tolle Jahr« 1848; Aufbruch und Abschied auch hier. Denn zugleich machte sich ein Gefühl von Resignation und Defensive bemerkbar, ein melancholischer Abendglanz, wie ihn Theodor Fontane in dem Roman »Der Stechlin« beschreibt. Fontane stellt die Welt des märkischen Junkers dar, der allenfalls »die Torgelowschen« noch begreifen kann und will – die einem sozialistischen Agitator zuhörenden Arbeiter der nahen Kleinstadt. Aber die Welt des alten Dubslav von Stechlin hatte nichts mehr gemein mit der des tüchtigen Unternehmers und Kommerzienrats Treibel in Berlin, dessen Frau Jenny als geltungssüchtige »Bourgeoise« beschrieben wird, keineswegs in bewunderndem Ton. »Frau Jenny Treibel«: die Welt des Geldes und der Industrie war nicht mehr die Welt des preußischen Adels oder der süddeutschen Standesherren. Sie war auch deutlich anders als diejenige des Bildungsbürgertums von bescheidenen Mitteln, das in Büchern, Latein und Griechisch seine Zuflucht fand und in Goethe eine säkulare Religion.

VI. MENSCHEN IN BEWEGUNG

Niemals war so viel Anfang, niemals so viel Ende. Waren in den älteren Jahrhunderten die Menschen dort gestorben, wo sie geboren worden waren, so wurde das 19. Jahrhundert die Epoche der großen Völkerwanderungen. Diese Unruhe hatte viele Gesichter: Binnenwanderung und Auswanderung, Aufstieg und Abstieg. Die Zahl der Auswanderer war ein Bruchteil derer, die in Deutschland von den Bergen in die Täler, von den Randlagen in die Städte, von den alten Ackerbürgerstädten in die Industriestädte zogen.

Diese zählten nach Millionen, die Auswanderer seit 1848 im Jahresdurchschnitt immer an die 100 000. Sie strebten über Bremen und Hamburg oder auch via Rotterdam oder Antwerpen in die Neue Welt. Sie wollten der Enge ihrer unwirtlichen Heimat entgehen, dem dreijährigen Wehrdienst, sie wollten heiraten und Land besitzen. Viele wurden von Verwandten nachgezogen, angelockt durch die unbegrenzten Möglichkeiten, die Amerika versprach. Die Kolonien, die das Reich seit 1882 erwarb, haben die Menschen in Deutschland, anders als Briten und Franzosen, nicht angezogen, auch nicht benachbarte europäische Länder. Sie alle wollten, wie die Skandinavier, jenseits des Ozeans ihr Glück machen.

Unentwegt stieg die Zahl der Menschen in Deutschland an, vor allem auf dem Lande. Die alte Beziehung zwischen steigendem Brotpreis und sinkender Zahl von Geburten und Heiraten war längst außer Kurs gesetzt. Die besseren Lebensverhältnisse und die Grundstimmung der Zuversicht bedeuteten auch, dass mehr geheiratet wurde und mehr Kinder zur Welt kamen. Familien mit sechs oder acht Kindern waren keine Seltenheit, schon gar nicht in der Oberschicht. Die Zahl der Untertanen Seiner

Majestät stieg Jahr für Jahr um einen ganzen Prozentpunkt, von
41 Millionen im Jahr 1871 auf 68 Millionen im letzten Friedens-
jahr 1913. Dieser Anstieg, der sich lediglich während der Rezessi-
onsjahre 1906/07 verstetigte, bedeutete, dass die Deutschen im
Durchschnitt die jüngsten waren unter allen europäischen Nationen. Er bedeutete auch eine unentwegt steigende Nachfrage
nach allen Gütern des täglichen Bedarfs. Im Gegensatz dazu war
die französische Bevölkerung seit dem Blutzoll der Revolution
und der napoleonischen Kriege am Stagnieren.

Viel von der jugendlichen Energie, dem Elan und dem Unternehmungsgeist Deutschlands an der Jahrhundertwende ist
wahrscheinlich diesem vulkanischen Geschehen zuzuschrei-
ben. In den Städten waren die Familien der Mittelschicht in der
Regel kleiner als auf dem Lande, was durch steigende Mieten
erklärbar ist, aber auch durch die Einführung der Altersversi-
cherung in den 1880er Jahren. Auf dem Lande brauchten Bauern und Handwerker viele Kinder, um Hilfe in der Wirtschaft
zu haben. Aber das Land konnte sie auf die Dauer nicht er-
nähren und beherbergen, und »Landflucht«, die man besser
Stadtflucht nennen würde, wurde zum Kennzeichen der Zeit.
Die urbanen Agglomerationen von Berlin, Köln, Hamburg,
Frankfurt, Stuttgart, Nürnberg und München entstanden. Aus
Dörfern wurden Vorstädte, unweit der Fabriken wurden billige
Mietquartiere gebaut, nachdem erst einmal die Städte ihre alten Zuzugsverbote hatten preisgeben müssen. In Nürnberg
blieben die alten Stadtmauern stehen, die schon den Wallen-
steinschen Kanonen getrotzt hatten. Aber in den meisten Städten wurden sie niedergelegt, wie in Frankfurt, und es entstanden breite Boulevards und elegante Vorstädte. Köln, seit 1815
preußische Garnison auf dem linken Rheinufer, behielt noch
seine alten Festungswerke, die erst in den zwanziger Jahren des

20. Jahrhunderts abgetragen wurden. Überall aber musste
Platz geschaffen werden für die Industrien, die Steuern und
Beschäftigung brachten, und für die Menschen, die dort Arbeit
fanden.

Die Pendlerexistenz war Massenschicksal, sei es mit dem
Fahrrad, sei es mit der Eisenbahn. Auf die Dauer aber mussten
die Nahverkehrssysteme ausgebaut werden: Berlin ging voran
mit einem systematisch kreisförmig und radial aufgebauten
Schnellbahn-System, der S-Bahn. Die Verstädterung der stadt-
nahen Dörfer hatte zur Folge, dass viele kleine Bauern eine
letzte, goldene Ernte einfuhren, wenn sie ihr Land an Bauunter-
nehmer verkauften oder selbst Bau-Spekulanten wurden, die
wieder lohnende Investitionen suchten. Depression hin oder
her, über viele Jahre war Goldgräberstimmung. Bevölkerungs-
wachstum, steigende Einkommen, wachsende Ansprüche, Bil-
dungshunger, neue Technologien und die nahezu – außer durch
die nach 1873 eingeführte Börsenumsatzsteuer – ungezügelte
Kraft des jungen deutschen Industriekapitalismus erzeugten,
was die Ökonomen selbsterhaltendes Wachstum nennen.

Wo alles und alle in Bewegung waren, da wurden auch Klas-
senschranken leichter übersteigbar als je zuvor. Zur Bewegung
im Raum muss man auch die Bewegung im Status hinzufügen,
die zumeist nach oben ging. Abstieg war das Schicksal der vielen
alten Gewerbe, die durch die Maschine verdrängt wurden, der
Schuster und Schneider, die nur überleben konnten, wenn sie
sich auf Reparaturen verlegten oder auf den Markt der feinen
Leute spezialisierten. Aber das konnte nur wenigen gelingen.
Auch die Bahnen brachten die meisten Fuhrleute, Posthalter
und Sattler zunächst um ihr gewohntes Brot. Zugleich stiegen
Verkehr und Transportbedarf so an, dass es lediglich um eine
Verlagerung in den Nahverkehr ging: Pferdefuhrwerke blieben

noch bis in die zwanziger und dreißiger Jahre des 20. Jahrhunderts das wichtigste örtliche Transportmittel.

Wo sich viele Berufswege schlossen, öffneten sich andere, namentlich durch die schnelle Ausdehnung höherer Bildung und technischer Ausbildung, durch Universitäten und durch die aus den älteren Militärschulen hervorgehenden Technischen Hochschulen und durch die Höheren Technischen Lehranstalten. Sie lieferten, so wie die modernisierte Lehrlings- und Gesellenausbildung der Gewerbe zum Facharbeiter führte, der technischen Intelligenz die neuen Kader. Handelshochschulen, wie die Technischen Hochschulen noch lange Zeit von den Universitäten über die Schulter angesehen, wurden Ort praktischer Ausbildung für den seit der Jahrhundertwende rasch expandierenden dritten Sektor der Dienstleistungen. Anders als der Commis der Vergangenheit wurde der Angestellte – in Großunternehmen wie dem »Haus Siemens« oder dem »Haus Krupp« oder in Banken auch »Beamter« genannt – zum neuen sozialen Leittypus.

Der Staat verlangte nicht nur von seinen Offizieren Bildung, sondern noch mehr von seinen Lehrern, Ingenieuren, Veterinären, Apothekern: zumal dann, wenn sie in den Staatsdienst strebten, zum Assessor, Regierungsrat und darüber hinaus. Universitäten und Hochschulen waren die wichtigsten Leitern des Aufstiegs in die Mittelschicht. Die Achtung, die dem »Herrn Doktor« schon in der Anrede entgegengebracht wurde – und ebenso der Frau Doktor, auch wenn diese nie einen Fuß in akademische Hallen gesetzt hatte –, und noch mehr die gottgleiche Position des Professors und Ordinarius waren Zeichen für die Rolle, welche die Hochschulen spielten, und ein Ansporn, den akademischen Aufstieg zu suchen. Ärzte, Apotheker, Lehrer wurden, indem die Ausbildung streng akademisch geregelt wurde, typische Aufsteigerberufe.

Andere Leitern des Aufstiegs waren die Armee und das Beamtentum, zumal dann, wenn den zwölf Jahren der Unteroffizierslaufbahn die Versorgung beim Zoll, bei der Steuer oder in anderen Schreibertätigkeiten folgten. Konrad Adenauer, der erste Kanzler der Bundesrepublik Deutschland, war Sohn eines preußischen Unteroffiziers, der es zum Zollbeamten gebracht hatte. Er wurde aufs Gymnasium geschickt – das damals nicht unentgeltlich war –, studierte Jura, heiratete ein in eine Familie des Patriziats und wurde 1917, als der Kölner Oberbürgermeister Wallraf nach Berlin in die Regierung berufen wurde, Oberbürgermeister seiner Vaterstadt – was er bis 1933 blieb. Das war, wie immer man es wendet, ein außerordentlicher Aufstieg. Aber in dem Willen zu Bildung, Leistung und, mit Max Weber zu reden, Konsumaskese war er beispielhaft. Theodor Mommsen, der Althistoriker und Empfänger des Literaturnobelpreises 1902, machte einen ähnlichen Weg, vom norddeutschen Bauernsohn zum Großgelehrten und Großkritiker des Wilhelminismus. »Ich wünschte, ein Bürger zu sein ...«, schrieb er traurig in seinem Letzten Willen. Viele solche Biografien könnte man da skizzieren.

Das Muster ist immer gleich: ein bescheidener Hintergrund, die Bücherschränke einladend, das Gymnasium der erste Schritt, die Universität der zweite, und von da an sind die Höhenzüge in Sicht. Jene Statistiken, die erweisen, dass alle Generale und hohen Beamten aus dem Adel stammten, führen in die Irre: Ab einem bestimmten Rang kam die Adelsverleihung nahezu von selbst, nicht anders, als es bis heute hohen britischen Diplomaten und Offizieren geht.

Nachdem einmal der König von Preußen, indem er die Stadt Frankfurt annektierte, einen Baron von Rothschild unter seinen Untertanen hatte, konnten auch andere Bankiers, Juden eingeschlossen, das »von« vor dem Namen erwarten, vielleicht sogar den Freiherrn. Abraham Oppenheim, jüdischer Bankier in Köln, ausgezeichnet durch Integrität und Mäzenatentum, wurde ein Freiherr. Zuvor hatte der österreichische Kaiser dessen Bruder Simon, der in Österreich Eisenbahnen finanziert hatte, in den Adelsstand erhoben. Gerson Bleichröder bekam den Adelstitel, obwohl sein Hauptverdienst in nicht mehr bestand als der Vermehrung von Bismarcks persönlichem Vermögen – wie auch, da der Reichskanzler mit Insider-Wissen nicht geizte, des eigenen. Die Gesellschaft im Fin de Siècle-Deutschland war so offen gegenüber Reichtum, Verdienst und Bildung wie die Österreich-Ungarns, Belgiens oder Englands, und wahrscheinlich offener als diejenige Frankreichs.

Frauen mussten noch bis zum Großen Krieg warten, bis die Zäune fielen, die ihr Leben einhegten. Es geschah erst nach der Jahrhundertwende, dass Frauen aus den bürgerlichen Schichten – der Adel betrachtete Studieren lange Zeit als unter seiner Würde – zum Universitätsstudium zugelassen wurden, zuerst in den Geisteswissenschaften, bald auch in der Medizin. Der Krieg wurde den Frauen, da sie gebraucht wurden, zum großen Gleichmacher. Emanzipation und alles Gerede darüber war eine Beschäftigung der Mittelklasse. Für die Frauen der Unterschichten war zu arbeiten niemals eine Frage der Selbstverwirklichung, sondern der blanken Not. In der alten Hausindustrie hatten Frauen die leichteren Arbeiten übernommen, im Alten Handwerk die Abrechnung und die Behördengänge, wohl oft auch den Verkauf, vor allem aber die Versorgung von Haus, Hof und Gesinde. Mit der Industrialisierung änderte sich auch diese Arbeitsteilung. Während die Männer die schwere Arbeit in der Fabrik leisteten, gingen die Frauen in die Näherei oder in die Tuchfabrik, in den Korsettladen oder in die Konditorei, während die unentbehrliche Großmutter nach den Kindern sah und ihnen Geschichten erzählte aus einer dörflichen Welt, die es längst nicht mehr gab.

»Faust's Metropolis«, mit dem Titel einer amerikanischen Studie über die Hauptstadt Preußens und des Reiches – das war Berlin. Und da war auch Mephisto niemals weit. Keine Stadt in Deutschland war so sehr Inbegriff und Maschine des Wandels wie Berlin – damals noch nicht das Groß-Berlin der zwanziger Jahre, sondern die alte Residenz- und Manufakturstadt, die Industrie- und Verwaltungsmetropole wurde. Unaufhaltsam und ohne zu fragen griff sie nach den umliegenden Dörfern und verleibte sie sich ein. Das Berlin des Jahres 1800 war noch die alte Barockstadt Friedrichs des Großen, das Berlin der Jahrhundertmitte ein klassizistisches Kunstwerk inmitten einer unüberschaubaren Riesenbaustelle. Das Berlin der Jahrhundertwende aber war eine hoch organisierte, vernetzte Industrielandschaft.

Um 1800 hatte die Stadt an die 200 000 Einwohner gehabt, viele davon aktive oder ausgediente Soldaten, und damit weit weniger als Paris, Neapel oder London. Die Stadt des Jahres 1900 hatte, einschließlich der längst (außer in der Verwaltung) angeschlossenen Vororte, an die vier Millionen Einwohner und war damit die größte Industrie-Agglomeration des europäischen Kontinents: im Osten eher bieder, kleinbürgerlich und proletarisch, im Westen wohlhabend, grün, großzügig, mit dem großen Boulevard des Kurfürstendamms als Entwicklungsachse, Charlottenburg der Stadtteil mit den meisten Vermögensmillionären, Grunewald die deutsche »garden city«, wie Hampstead für London, das Ganze noch immer durchzogen und umgeben von weiten Schlösser-, Park- und Seenlandschaften, die unter den Kurfürsten und Königen seit dem 16. Jahrhundert angelegt worden waren, alles überragt von der gewaltigen Baumasse des Schlüterschen Stadtschlosses – die Kuppel allerdings großmannsüchtige Zutat eines Schinkel-Schülers.

»Wir fürchten uns vor einer Hauptstadt«, hatte Goethe in den »Wanderjahren« einen der Protagonisten sagen lassen. Goethe, Sohn der Freien Reichsstadt am Main und Staatsminister eines Kleinstaats in Thüringen, brachte damit deutsche Grundgefühle zum Ausdruck, jedenfalls alte Vorbehalte, die noch lange nachwirkten. Berlin wuchs nicht durch Zuzug aus Süden und Westen, sondern fast ausschließlich aus dem Osten. Der typische Berliner kam aus Schlesien, Ostpreußen oder Westpreußen und aus der Mark Brandenburg. Goethe selbst hat Berlin, obwohl sein Freund Zelter, Leiter der Singakademie, ihn unablässig einlud, nur ein Mal besucht und sah sein Vorurteil bestätigt: »Wir fürchten uns vor einer Hauptstadt.« Das blieb wohl lange Zeit das Grundgefühl derer, die vom Rhein und von der Donau in die neue Hauptstadt des Reiches kamen. Potsdam: das war mit seinen Garderegimentern und Offizierskasinos und seinem schneidigen Ton eine andere Welt als die des Münchner Hofgartens, wo man dem Prinzregenten begegnete, der zum Gegengruß höflich den Hut lüftete, oder Schwabing, wo die Boheme hauste, oder auch Frankfurt, wo die harsche Behandlung von 1866 niemals vergeben und vergessen war. Von Aachen und Köln war es nicht nur eine ganze Tagesreise mit der Bahn, es war auch die Reise zu einem anderen Planeten. Die historische Abneigung des Südens und des Westens gegen Berlin aber wurde von Berlin aus herzlich erwidert.

Der Deutsche Bund, den Preußen am Ende sprengte, hatte sein Quartier im barocken Sandsteinbau des Thurn-und-Taxis-Palais in Frankfurts Eschenheimer Gasse gehabt. Die revolutionäre Nationalversammlung trat 1848 wie selbstverständlich in Frankfurt zusammen – mit dem Gesicht zum Rhein und nach Westeuropa und dem Rücken nach Berlin und dem Osten. Berlin repräsentierte währenddessen mehr und mehr das moderne, erfolgreiche, organisationsstarke Deutschland. Hier war nach dem Zusammenbruch von 1806 die Universität durch Wilhelm von Humboldt erneuert worden, die technische Ausbildung durch Beuth, das Bauen durch Schinkel – zu dessen Schülern auch Klenze gehörte, der München seinen klassizistischen Glanz verlieh. In Berlin waren die modernsten Industrien Deutschlands zu Hause. Seit 1828 hatte der hessisch-preußische Zollverein, seit 1834 der deutsche Zollverein dort sein Zentrum. In Berlin wurden die Münzkonventionen abgeschlossen und die Eisenbahnnormen vereinbart, die dem nationalen Großwirtschaftsraum vorarbeiteten. Es war keine Frage, dass die großen deutschen Aktienbanken der 1860er und 1870er Jahre, auch wenn sie in Darmstadt oder Dresden gegründet worden waren, ihren Hauptsitz alsbald nach Berlin verlegten. Denn unter den deutschen Staaten zählte als aufsteigende Industriemacht einzig Preußen, daneben noch Sachsen, dem es aber seit 1815 zur eigenen politischen Rolle nicht mehr reichte. Preußen verfügte über solide Staatsfinanzen, guten Staatskredit, eine funktionierende Steuerverwaltung und mit der alten Seehandlung über eine angesehene Staatsbank. Wenn die Hanseaten, die Rheinländer und die Sachsen Berlin nicht mochten, so hat Bismarck sie nicht gefragt. Er behandelte die Fürsten mit ausgesuchter Höflichkeit. Aber einen Zweifel, wo die Macht war, ließ er niemals zu. Die Macht war in Berlin.

Die industrielle Stellung der Stadt war gegründet auf ihre Lage im Fluss- und Kanalsystem der norddeutschen Tiefebene, das permanent ausgebaut wurde, zuletzt mit dem Mittellandkanal der Jahrhundertwende. Die Eisenbahnen hatten ihren

Knotenpunkt in Berlin. Hier kreuzten sich die Linien zwischen Paris und Moskau, zwischen Kopenhagen und Rom. Die Köln-Mindener Bahn, kurz nach 1848 fertig gestellt, verlief quer zu den großen Flüssen und verband den Westen mit Berlin. Im Osten setzte sich die Linie fort, noch einmal 800 Kilometer bis Königsberg oder, fast ebenso weit, zu den Industrierevieren Oberschlesiens. Anders als in München, wo die königliche Verwaltung es lange vermied, Fabriken und Arbeitersiedlungen anzuziehen, hatte man in Preußen darauf gesetzt, dass Preußen nur als Industriestaat Großmacht sein konnte, und Industrie-Ansiedlungen mit allen Kräften ermutigt – allerdings in sicherer Entfernung zu Potsdam, dessen barocke Schönheit allein durch die nach 1848 als Vorsichtsmaßnahme errichteten Backsteinkasernen der Garderegimenter gestört wurde.

In Preußen, einstmals verspottet als »des Heiligen Reiches Streusandbüchse«, wusste man von alters her, dass das Land außer Gewerbefleiß und Staatsorganisation wenig hatte, worauf es sich verlassen konnte. Die protestantische Arbeitsethik der niederländischen Tradition, verstärkt durch die aus Frankreich vertriebenen Hugenotten, zusammen mit Pietismus und Obrigkeitsglauben, verliehen der Stadt eine Atmosphäre nüchterner Tüchtigkeit. Vielleicht war es auch dieser ernste, nach innen gewendete Nachklang der religiösen Kämpfe vergangener Generationen, der die Distanz der Süddeutschen und Westdeutschen erklärte.

Ganz anders die Menschen aus den östlichen Provinzen und aus Polen. Ihnen war Berlin ein einziges großes Versprechen, zumal für die Juden in Russlands polnischen Westprovinzen. Rosa Luxemburg kam aus einer rabbinischen Familie des osteuropäischen Stetl, um in Berlin die Universität zu besuchen, bevor sie zu einem sozialistischen Feuerbrand wurde. Max Liebermann, der gesuchteste Maler Berlins an der Jahrhundertwende, mit einem eleganten Stadthaus am Pariser Platz und einer Villa am Wannsee, kam mit seinen Eltern aus dem Osten. Für zahllose Namenlose war Berlin das Ziel ihrer Wünsche und Wanderungen. Es gab ja nicht nur die Großunternehmen wie Siemens und Borsig oder die AEG. Es gab zahllose Zulieferbetriebe, mittelständische Aufsteiger, die Leute mit Geschick, Bildungswillen und Disziplin suchten. Bismarck hatte in seiner nachmals vielzitierten Rede im Haushaltsausschuss des preußischen Abgeordnetenhauses gesagt, nicht durch Reden und Majoritätsbeschlüsse würden die großen Fragen der Zeit entschieden, sondern durch »Eisen und Blut«. Ein halbes Jahrhundert später hat der große britische Ökonom John Maynard Keynes ihn korrigiert, indem er sagte, die deutsche Einheit sei durch Kohle und Stahl bewirkt worden. Beide aber, Politik und Industrie, hatten ihr Zentrum in Berlin.

An der Jahrhundertwende war Berlin das Mittelstück jenes dynamischen, machtvollen und optimistischen, ja revolutionären Gebildes, das die deutsche Industrie ausmachte. Berlin war auch Drehscheibe des Kapitals und der Finanzdienstleistungen. Frankfurt hat sich niemals erholt von der Niederlage des Jahres 1866, sondern seine zentrale Stellung im Finanzsystem erst nach 1945, als Nebenfolge des Kalten Krieges, zurückgewonnen. Aber schon vor 1866 war Frankfurt dabei, den Anschluss zu verlieren, weil Banken und Börse unter Führung der Rothschilds dort das sichere Geschäft der Staatsanleihen schätzten und sich auf das neue Aktienwesen nicht einlassen wollten. Aktienbanken aber, da sie viele kleine Kapitalien sammelten und zugleich ihre Chefs gegen die unbegrenzten Risiken der traditionellen privaten Bank absicherten, waren das Instrument der großen Industriefinanzierung, die die neue Phase der industriellen Revolu-

tion einleitete. Die erste dieser Banken war die Darmstädter
Bank gewesen, von Sal. Oppenheim jr. und Cie. in Köln mit Hilfe
französischer Partnerbanken ins Leben gerufen: Binnen kürzes-
ter Zeit hatte die Bank ihren Sitz in Berlin. Ähnlich ging es mit
der Disconto-Gesellschaft, der Dresdner Bank, der Commerz-
bank. Nur die Deutsche Bank wurde von vornherein in Berlin
ins Leben gerufen. Die Berliner Börse war tonangebend in
Deutschland. Seit 1873 vermehrte die Reichsbank die Rolle Berlins im deutschen – und europäischen – Finanzsystem. Hier war
das große Industriegeschäft zu Hause, hier wurden russische
Anleihen gehandelt, hier wurde der gesamte Ostseehandel abge-
wickelt ebenso wie Investitionen in Nord- und Südamerika.

Das Berlin Bismarcks war dem London Palmerstons und
dem Paris Thiers' ähnlicher als dem schrillen, neurotischen und
experimentierwütigen Berlin der Weimarer Jahre, noch weiter
entfernt auch von der brutalen Reichshauptstadt der NS-Zeit.
Berlin war ein Kraftwerk in der Mitte des Kontinents, zugleich
aber eine Ansammlung von Klein- und Mittelstädten mit ihrem
jeweils eigenen Charakter. In Berlin kam die arkadische Schönheit der Park- und Seenlandschaft zusammen mit der Gravitas
der vornehmsten deutschen Universität: Die Friedrich-Wilhelm-
Universität wurde das geistige Leibregiment der Hohenzollern
genannt. Was immer daran war: Ihre Professoren erhielten
Gehälter, die anderswo mit raunendem Neid kommentiert
wurden.

Kunst und Kunsthandel hatten in Berlin ihr Zentrum. Die
Bereitschaft, für patriotische Zwecke große Summen zu zeich-
nen, war groß, ob es sich um die Nationalgalerie unter der
Schirmherrschaft des Kronprinzen Friedrich Wilhelm handelte
– nachmals der Hundert-Tage-Kaiser Friedrich III. – oder seit
1909 um die Kaiser-Wilhelm-Gesellschaft (heute Max-Planck-

Gesellschaft), die sich der aktiven Förderung, ja der Initiative Wilhelms II. erfreute, oder endlich der Museumskomplex, den Wilhelm von Bode zu imperialer Größe und Weltrang führte. Nach einer Generation mussten auch die Kritiker einräumen, dass Berlin, wenn es auch das Schlimmste an städtischem Elend, Ausbeutung und organisiertem Verbrechen – »Spar-club« nannten sich manche Ringe – umfasste, auch das Beste zu bieten hatte, was es in Kunst und Wissenschaft, Bankwesen und Industrie, Architektur und Infrastruktur gab.

Mit Ausnahme der »Frankfurter Zeitung«, von Leopold Sonnemann in der Gründerzeit ins Leben gerufen, wurden alle wichtigen Zeitungen in Berlin gemacht, manchmal mit zwei, drei Ausgaben täglich, nicht selten mit ungekürzten Reichstags-debatten im Blatt. Kochstraße und Friedrichstraße waren Adres-sen einer vitalen, aggressiven, intelligenten Medienwelt. Alle Interessengruppen hatten ihr Hauptquartier in Berlin und tauschten Information und Einfluss, verteilten Geld, gaben Din-ners und publizierten Broschüren, die nur in den seltensten Fäl-len gelesen wurden. Sie nahmen einen großen Aufschwung, als der Kampf um Freihandel und Protektionismus die politische Klasse und das Land zu teilen begann. Staatsintervention und Steuern eröffneten neue Dimensionen der öffentlichen Debatte und zogen scharfe Trennungslinien. Bismarck war der Meister in Management und Manipulation aller dieser Kräfte, und alles fand statt innerhalb der Quadratmeile zwischen Reichskanz-leramt, Stadtschloss, Gendarmenmarkt und Pariser Platz. Im alten Hotel d'Angleterre, später Adlon, im Esplanade, bei Borchardts und Lutter und Wegner traf man sich und po-litisierte. Das Bismarcksche System, zu oft und zu einfach als Autokratie beschrieben, war nicht anders von organisierten In-teressen bestimmt als die Politik anderer industrieller Staaten auch – Frankreich, England, Belgien oder die Vereinigten Staaten.

Macht und noch mehr Macht – trotzdem fühlten viele sich ohnmächtig angesichts von so viel Abschied und Aufbruch. Die Atemlosigkeit des Lebens war nicht nur Faszination, sie machte auch Angst: »wie gewonnen so zerronnen« war der bittere Refrain, als 1873 plötzlich die Börsenbäume nicht mehr in den Himmel wuchsen und Katerstimmung alle ergriff, die sich gestern noch auf dem Weg zum schnellen Reichtum geglaubt hatten. Aber was zunächst wie eine Katastrophe aussah, erwies sich bald als Konsolidierungskrise. Optimismus blieb das vorherrschende Zeitgefühl in Europa, nicht das Kassandra-Bewusstsein Bismarcks.

Alles schien möglich, wenn nicht heute, so spätestens morgen. Industrien schossen aus dem Boden, Kolonien lieferten exotische Waren und Rohmaterialien, und tatsächlich stiegen die Reallöhne, die alte Plackerei wurde weniger, die Masse der Menschen konnte sich etwas leisten. Die alte Angst wurde langsam vergessen. Es war dieser Moment, zwischen Fin de Siècle-Stimmung und ungebändigtem Kraftbewusstsein, da die Gefahr zurückkam.

VII. DIE WILHELMINISCHE EPOCHE

Das Bismarcksche Endspiel ging, wie Endspiele gehen: voll Drama und Vergeblichkeit. Ein großer Mann hatte sich selbst überlebt und wollte es nicht wahrhaben.

Zunächst hatte sich das Verhältnis zwischen dem jungen Kaiser und dem alten Kanzler gut angelassen, der eine noch vom Zeitalter der Revolution geformt, der andere von Fortschritts- und Sendungsbewusstsein getrieben. Die hundert Tage Friedrichs III. überlebte Bismarck, ohne dass sein Albtraum sich bewahrheitete, das »deutsche Ministerium Gladstone«, in dem für Bismarck kein Platz mehr gewesen wäre. Die Kräfte des krebskranken Monarchen reichten nicht mehr hin, Deutschland die rettende Wendung zur parlamentarischen Monarchie britischer Prägung zu geben. Wilhelm der Kronprinz, gerade 28 Jahre alt, verhehlte unterdessen schlecht, dass er den Tag kaum erwarten konnte, wo er selbst regieren würde. Als es so weit war, folgten einige Monate täuschender Harmonie mit dem Reichskanzler, der sich als Mentor sah, aber auch abfällige Bemerkungen über die Unerfahrenheit der Jugend nicht unterdrückte. Dann aber kam es, zunächst abseits der Berliner Bühne, zum großen und abschließenden Krach.

Im April 1889 streikten an der Ruhr und in Oberschlesien an die 150 000 Bergarbeiter für höhere Löhne und bessere Sicherheit. Die Kohlereserven der Armee gingen zur Neige. Die Krupps ließen für die Villa Hügel oberhalb der Ruhr Gartenpfähle kommen, die in Wahrheit Gewehre waren. Bismarck wollte die Bergwerke durch Truppen einschließen und den Ausnahmezustand erklären. Kaiser Wilhelm II. aber, beraten vom Oberpräsidenten der Rheinprovinz Freiherr von Berlepsch, der die Beschwerden der Streikenden für gerechtfertigt hielt, wollte nichts davon wissen. Stattdessen empfing er, was es nie zuvor gegeben hatte, eine Delegation der Arbeiter und versprach Abhilfe – ein Zeichen staatsmännischer Weisheit. Aber unausweichlich begann das offene Kräftemessen mit Bismarck und dessen System der Abschreckung, der Dramatisierung und der Unterdrückung.

Dann gingen die Reichstagswahlen des Februar 1890 schlecht aus für die Bismarckianer, die die Mehrheit verloren. In der Presse, im Reichstag und bei Hofe wurde darüber gesprochen, das Sozialistengesetz von 1878 nicht mehr zu verlängern. Bismarck wollte es erneuern, der Kaiser und die Generalität waren dagegen, weil es den Sozialisten Sympathie verschafft hatte und, dies vor allem, immer mehr Stimmen. Im Kronrat erklärte der Kaiser mit Blick auf Bismarck und dessen Konfliktpolitik, er wolle nicht seine Regierung »mit dem Blute meiner Untertanen färben«. Um die Entscheidung zu forcieren, befasste sich der Kanzler mit den Möglichkeiten, einen Staatsstreich durchzuführen, eingeschlossen Präventivschlag gegen die Sozialisten und Suspendierung des Reichstags. Das Kanzleramt wurde instruiert, eine neue Militärvorlage zu machen – was, genau genommen, Sache des preußischen Kriegsministeriums gewesen wäre –, und dazu eine verschärfte Fassung des Sozialistengesetzes. Das alles sollte die Politik ins Kochen bringen und den alten Meister unentbehrlich machen. Eine Alternative, die ebenfalls sondiert wurde, war gemeinsamer Rücktritt der »Verbündeten Regierungen«, jedenfalls aber Preußens, von der Verfassung des Reiches und damit deren Auflösung und Neuordnung – mit zweckmäßig verändertem Wahlrecht und schwächerem Reichstag. Bismarck wollte noch einmal zu seinen Anfängen zurück.

Das ging zu weit. Der Kaiser sah den Kanzler nicht länger mehr als Lösung des Problems, sondern als dessen Kern, und

verlangte den Rücktritt. Bismarck, immer der Meister der diplomatischen Finesse, formulierte sein Rücktrittsgesuch für die
Nachwelt und ließ es so erscheinen, als gehe es um Lebensfragen
der Außenpolitik, gar Verhinderung des Krieges mit Russland.
Aber es gibt wenig Zweifel, dass diesmal Bismarck die Balance
verloren hatte und der junge Kaiser mehr Weisheit aufbrachte als
der alte Kanzler. Als am 20. März 1890 die Nachricht vom Abschied aus Berlin kam, herrschte in den europäischen Hauptstäd-
ten Bestürzung – die britische satirische Zeitschrift »Punch«
brachte eine Karikatur, die den sich über die Reling lehnenden
jungen Kaiser zeigte und einen das Fallreep hinuntersteigenden
alten Bismarck, Unterschrift »The pilot leaves the ship«.

In Deutschland aber war eitel Erleichterung. Es war nicht allein die »Kaiserin Friedrich«, Witwe des Hundert-Tage-Kaisers
von 1888 und tief verbitterte Mutter des Kaisers, die so reagierte:

> »Was haben wir gelitten unter diesem Regime. Wie sein
> Einfluss eine ganze Schule korrumpierte – seine Mitar-
> beiter, Deutschlands politisches Leben! Er machte das
> Leben in Berlin fast unerträglich, wenn man nicht sein
> rechtloser Sklave sein wollte. Seine Partei, seine Gefolgs-
> leute und Bewunderer sind noch fünfzig Mal schlimmer
> als er selbst … Es wird Jahre brauchen, den Schaden aus-
> zugleichen. Wer die Außenseite sieht, der denkt, dass
> Deutschland stark, groß und einig ist, mit einer großen
> Armee … Wenn nur der Preis bekannt wäre, den das
> alles forderte.«

Die Geschichte indes war nachsichtiger. Bismarcks fragiles Al-
lianzsystem wurde mehr gelobt, als es verdiente, seine Gleichgewichtspolitik bewundert, seine Friedenspolitik nach 1871

anerkannt. Bismarcks Erfolge glänzten umso mehr, als Wilhelm II., aufs Ganze gesehen, das Staatsschiff nicht zu steuern wusste. Bismarck hatte noch eine Gesamtvorstellung gehabt von europäischem Gleichgewicht, wenn ihm auch die Verwirklichung entglitt. Wilhelm II. war ein deutscher Nationalist, Preußen war ihm nur noch Requisitenkammer für Auftritte in historischer Kostümierung. Er war ein Staatsschauspieler, und deshalb war er populär. Sein Optimismus ließ sich durch Warnungen nicht beirren. Es musste immer Kaiserwetter sein. »Majestät wollen immer Siege« sehen, spotteten die Generalstäbler, wenn sie unter sich waren.

Bismarcks tiefer Zweifel, was Deutschland und die Deutschen betraf, war immer profund. Die meisten Menschen hat er wohl, je älter er wurde, verachtet – schon deshalb, weil sie ihm nach dem Munde redeten. »Die alten Freunde sterben, und neue gewinnt man nicht mehr«, schrieb er einmal an Moltke, den Generalstabschef. Freunde hat er immer weniger gesucht. Was er fand, waren Bewunderer, und die konnten ihm nichts bieten außer Anbetung, die er gelangweilt entgegennahm. Einmal schrieb er, er spreche nur noch mit seinen alten Bäumen. Was er erreichte, hat er gegen den Geist der Zeit durchgesetzt, nicht mit ihm. Sein einziger Wunsch, nachdem er Preußens *Ancien Régime* gerettet hatte, bestand darin, fortan die Geschichte anzuhalten. Er musste indes lernen, dass Revolutionen, auch wenn sie von oben kommen, immer Revolutionen sind. Preußen war im Sieg von 1871 verloren gegangen, das Staatskunstwerk des 18. Jahrhunderts hatte seine Zeit gehabt. Das war Bismarcks Widerspruch. Wo aber »Auflösung nicht möglich«, da wird – nach Goethe – aus Widerspruch Tragik.

Wenn die Grundlagen eines Staates sich wandeln, so wird das selten auf den Marktplätzen verkündet. Anders aber in Deutsch-

land am 20. März 1890. Nach 28 Jahren des Regierens musste
Bismarck gehen: Wilhelm Imperator Rex wollte es so. Das bedeutete nicht nur einen Wandel der Generationen von den
Großvätern zu den Enkeln, es enthielt auch die Erfahrung, dass
das gesellschaftliche Gewebe Deutschlands tiefen und unum-
kehrbaren Wandel durchmachte. Was Investitionen, Produktion und Beschäftigung anlangt, überholte in jenen Jahren das
industrielle Deutschland das agrarische, während der »dritte
Sektor« – Dienstleistungen im weitesten Sinne – sich schnell
ausdehnte.

Bismarcks Nachfolger, General der Infanterie Leo von Caprivi, war Chef des Reichsmarineamts gewesen. Es war nicht
ohne Ironie, dass Bismarck ihn empfohlen hatte, weil er in ihm
einen Konfliktminister sah. Tatsächlich indes suchte Caprivi in-
nen- und außenpolitisch Ausgleich. Nicht anders als Bismarck
war ihm bewusst, dass es Bedingung deutscher Sicherheit war,
niemals die britische maritime Vorherrschaft herauszufordern,
sondern Großbritannien und das Empire als Garantiemacht
des europäischen Gleichgewichts zu respektieren. »Je weniger
Afrika, desto besser« – pflegte Caprivi zu sagen. Deshalb war sein
erster Schritt in der Außenpolitik, nachdem er den längst hohlen
Rückversicherungsvertrag mit Russland hatte auslaufen lassen,
mit London einen Tausch zu vereinbaren: Helgoland, der rote Felsen in der Elbmündung, gegen das sagenhafte Sansibar vor der
afrikanischen Küste. Aber Deutschlands radikal-rechte Kolonial-
lobby war leidenschaftlich und lautstark dagegen. Der »Alldeut-
sche Verband« wurde gegründet als Holding des deutschen Nationalismus, mit Geld und Medieneinfluss bestens ausgestattet.

Caprivi, gelernter Generalstäbler, hatte eine Gesamtsicht auf
die deutsche Politik und einen Sinn für Gleichgewicht. Er suchte
den historischen Kompromiss, den Bismarck gehasst hatte und

den der Kaiser in dem Furioso der Märzkrise 1890 angedeutet hatte. Dafür war der Bismarck-Nachfolger bereit, das Bündnis von Rittergut und Hochofen preiszugeben, das nützlich war, solange Bismarck die Mehrheiten beschafft hatte, aber jetzt nicht mehr. »Ein Kampf ums Dasein« sei in Gang, sagte der neue Reichskanzler 1891 und meinte die Wirtschaft. Er führte zunächst Verhandlungen mit Wien, die die Zölle reduzierten, aber wenig von Belang waren, weil die Donaumonarchie nicht in größerem Maßstab nach Deutschland exportierte. Ganz anders die Lage mit Russland. Dort erreichte, während Frankreich in den Verhandlungen über einen Handelsvertrag den Russen große Konzessionen machte und die Militärkonvention im Entstehen war, der deutsch-russische Handelskrieg erst einmal seinen Höhepunkt. Es musste etwas geschehen. So leitete Caprivi mit St. Petersburg erstmals Verhandlungen über ebenjenen Handelsvertrag ein, den Bismarck nicht einmal in Erwägung gezogen hatte. Für Caprivi war dies eine Notoperation. Aus Gründen strategischer Sicherheit und wirtschaftlicher Prosperität galt es, russischem Getreide den deutschen Markt zu öffnen und damit deutschen Exporten aufzuhelfen. Den Vertrag legte er dem Reichstag zur Ratifizierung vor mit dem Satz: »Wir müssen exportieren. Entweder wir exportieren Waren oder wir exportieren Menschen. Mit dieser steigenden Bevölkerung ohne eine gleichmäßig zunehmende Industrie sind wir nicht in der Lage, weiter zu leben.« Die parlamentarische Rechte, hinter ihr das agrarische Deutschland, war geschlossen gegen den Vertrag. Aber mit einer Mehrheit, die erstmals auch Sozialdemokraten umschloss, wurde er angenommen. Der Kaiser feierte die »rettende Tat« und machte Caprivi zum Grafen, der zu höflich war, abzulehnen. Der alte General, kinderlos und vermögenslos, empfand das Ganze eher als Verlegenheit.

In den Gutshäusern des östlichen Deutschland aber herrschte Erbitterung gegen den »Mann ohne Ar und Halm«. Als Kampf-organisation wurde der »Reichslandbund« ins Leben gerufen, der bald 300 000 Mitglieder hatte. Die Führer erklärten, Agitation zu lernen von den Sozialdemokraten. Die Lodenmäntel wollten den Protest »an die Stufen des Thrones« bringen. Das hieß, den Kanzler außerparlamentarisch, via Militär und Hofge-sellschaft, zu bekämpfen. Dass Caprivi ablehnte, die vom Kaiser verlangte Neuvorlage des Sozialistengesetzes zu vertreten, wurde Anlass seines Sturzes.

Sofort begann die Arbeit daran, die Zolltarife wieder herauf-zusetzen – was allerdings erst 1902 gelang. Die kurzen Jahre des Kanzlers Caprivi (1890 – 1894) waren mehr als ein Zwischenspiel. Caprivi wollte den historischen Kompromiss nach innen wie nach außen. Mit Großbritannien gelang es ihm: erst die Flotten-politik Tirpitz' und des Kaisers verdarb das Verhältnis. Mit Russ-land hat er alles getan, um wieder eine Verständigungsbasis zu finden – spät, aber vielleicht nicht zu spät. Dazu gehörte eine In-nenpolitik, die ganz anders angelegt war als der nervöse Kampf-kurs Bismarcks und darauf setzte, die Sozialdemokraten Schritt für Schritt einzubeziehen. Gegen die Front vom Alldeutschen Verband über den Reichslandbund bis zum Preußischen Staats-ministerium, das Caprivi ohne Not aus der Hand gegeben hatte, und zur Hofgesellschaft aber war das nicht zu machen. Und doch lag in dieser Wendung eine Chance, das industrielle Deutschland nicht zu einem ruhelosen Reich, sondern zum Stabilisierungsge-wicht Europas zu machen. Musste das scheitern? Gescheitert ist es jedenfalls.

Die 1890er Jahre erlebten anfangs noch die auslaufenden Wellen der Großen Depression. Aber 1893 begann eine lang an-haltende Epoche ungebrochenen Wachstums und steigender

Prosperität. Elektrizität aus Kohlekraftwerken – in Oberbayern wurde mit dem Walchenseekraftwerk erstmals auch Strom aus Wasserkraft gewonnen – bot wohlfeile Energieversorgung. Elektrische Überlandleitungen wurden entlang der Landstraßen und Bahnen verlegt. Eine neue Welle der Industrialisierung ging über das Land. Sie veränderte nicht nur die Fabriken, sondern auch die Städte. Das Haus Siemens, gegründet vom Oberleutnant Werner Siemens in der preußischen Nachrichtentruppe, begann als Familienunternehmen mit dem Telegrafen und wuchs dank der Allianz mit der Deutschen Bank zu einem Weltunternehmen. Siemens wurde Marktführer auch in Fernkabeln über Land und unter Wasser: Handel, Strategie, Politik, alles wurde verändert, ja das Verhältnis von Zeit und Raum. Später kamen mit Telefunken und Reiniger elektronische Anwendungen und Medizintechnik hinzu.

Die von Emil Rathenau gegründete Allgemeine Electricitäts-Gesellschaft, die das Edison-Patent für Glühlampen für Deutschland nutzte, baute die Anwendungsseite aus, Siemens blieben Kraftwerke und Leitungen. Rathenau engagierte Peter Behrens, den Architekten der Neuen Sachlichkeit, um in einem nüchtern-funktionalen Stil, weitab von den Barockimitationen des 19. Jahrhunderts, aber auch weltenfern von der zweckmäßigen Hässlichkeit liebloser Industriearchitektur, Werkhallen zu bauen. Behrens war es auch, der für die AEG die Geräte entwarf, die den Alltag veränderten und doch, bis auf das Bügeleisen und den Herd, ohne Vorbild waren: Tauchsieder, Wasserkessel, Waschmaschinen, bald auch Kühlschränke und Spülmaschinen.

An der Jahrhundertwende wanderten die Deutschen nicht mehr aus in die Neue Welt, sondern strebten in den Städten nach einem besseren Leben, als es die Vorväter auf dem Lande je hatten erträumen können. Deutschland war nicht das Land unbegrenzter Möglichkeiten, wie das Amerika der Tellerwäscherlegende, aber nach allen alteuropäischen Erfahrungen war es nicht fern davon: Die kollektive Biografie zeigt nicht nur einen dauerhaften Anstieg der Realeinkommen, sondern auch, dass Millionen von Menschen mehr Rindfleisch aßen, mehr Wein tranken, sich Seife leisteten, mehr Weißbrot konsumierten, mehr Hemden und mehr Schuhe kauften als je zuvor. Mehr Bücher und Zeitungen wurden gekauft, denn die Menschen konnten inzwischen fast ausnahmslos lesen und schreiben. Der Zorn der alten Bismarck-Tage legte sich, und auch die Bitternis derer, die einmal Reichsfeinde geheißen hatten, Katholiken und Sozialisten. Als das 20. Jahrhundert begann, war es auch Deutschlands Belle Epoque, ein Zeitalter voller Energie und Zuversicht. Kassandra musste vor den Toren weinen. Das 20. Jahrhundert hätte, so hat der französische Philosoph Raymond Aron einmal gesagt, das deutsche Jahrhundert werden können. An seinem Anfang haben viele Deutsche dies geglaubt.

Was die Leute in deutschen Landen beschäftigte, war nicht die hohe Politik, sondern der Alltag und die immer schmerzhaftere Frage, ob die Erfahrung von gestern auch noch für morgen taugte. In den meisten Fällen war die Antwort ein kaltes Nein. Das aber brachte die Beziehung von Vätern und Söhnen ins Wanken, von Müttern und Töchtern, von Mann und Frau. Verglichen mit diesen existenziellen Fragen, was lag daran, wer in Berlin das Sagen hatte? Was der Reichstag tat oder unterließ? Oder was Seine Majestät über die Seefahrt äußerte, das perfide Albion oder koloniale Abenteuer an fernen Küsten wie Kiautschou in Fernost, Swakopmund in Südwestafrika oder Samoa irgendwo im Pazifik? Herr und Frau Müller oder Schmidt hatten ihre Arbeit zu machen, sich mit neuen Technologien zu befassen, die fast jedes Unternehmen, jeden Laden, jedes Geschäft täglich veränderten – ja alle gewohnten Koordinaten umstießen. Die Tradition, ungeachtet aller Adler, Löwen und Kronen, die öffentliche Gebäude schmückten und amtliche Dokumente, wurde jeden Tag schwächer. Gewiss, in den ländlichen Weiten Pommerns, Ostpreußens oder Schlesiens, aber auch in den Bergen Frankens oder Oberbayerns, weitab von den alten oder neuen Industriezentren, ging das Leben scheinbar noch seinen gewohnten Gang. Aber dort waren Fortkommen, Wohlstand und Freiheit nicht zu finden. Kleine Städte wie Rothenburg ob der Tauber, vom Eisenbahnbau vergessen, lebten in einer Zeitkapsel mittelalterlicher Häuser und Marktplätze. Aber den Kindern, wenn sie heranwuchsen, fehlte die Atemluft. So gingen sie. Niemals zuvor waren die Deutschen dem Versprechen des Fortschritts, der Technik und der Zukunft so offen gegenüber wie an der Wende vom 19. zum 20. Jahrhundert.

Ein Reisender, der um 1870 die 1800 Kilometer der Reichsstraße 1 von Aachen via Potsdam und Berlin und weiter nach Königsberg am Pregel gereist war und die Erfahrung 30 oder 40 Jahre später wiederholte, hätte ein tief verändertes Land erlebt. Bahn- und Telegrafenlinien überall, die Drähte der elektrischen Leitungen, Dampflokomotiven mit unendlich vielen Güterwagen dahinter oder elegante Schnellzüge mit Faltverbindungen von Wagen zu Wagen. An Vorortzügen indes musste sich der Schaffner außen von Abteil zu Abteil hangeln. Manchmal, wenn ein Flugzeug in Sicht kam, würden Kinder das Weltwunder einander zeigen und Erwachsene gebannt stehen bleiben. Ein Automobil konnte die Straße entlangknattern, ein kühner junger Mann mit Brille und Rennkappe am Steuer. Die meisten Straßen, früher aus Kies und Staub, waren mittlerweile gepflastert. In den Städten verbanden Straßenbahnen und U-Bahnen die Zen-

tren mit den Vororten und brachten Tag für Tag Armeen von An-
gestellten zur Arbeit. Die besseren Vororte bestanden aus Villen
in parkartigen Gärten, wo noch eine Generation zuvor Bauern-
hütten gestanden hatten und eine bescheidene Feldsteinkirche.
Flüsse wurden überspannt durch die ersten Stahlkonstruktionen,
mit Spannbeton wurde experimentiert. Kanäle verbanden in
Ost-West-Richtung die Flüsse, die zumeist in Süd-Nord-Rich-
tung gingen. Die ganze norddeutsche Tiefebene war ein System
von Wasserwegen geworden. Die großen Ströme waren schiffbar
gemacht, der Loreleyfelsen im Rhein gesprengt, der Main ausge-
baggert bis zur Höhe von Frankfurt, die alte Verbindung zur Donau wurde wieder ausgemessen. Die größten Veränderungen
aber waren an den Menschen wahrzunehmen. Die Kinder der Armen waren nicht mehr länger barfuß, mussten nicht mehr bet-
teln gehen. Stattdessen besuchten sie die Schule, Volksschule und
Realschule, um dann Lehrling zu werden in der Fabrik oder im
Handwerk, noch später folgte die Armee, und danach kam der
Traum von technischer Weiterbildung und einer Mittelklassen-
Existenz.

Wenn Überlieferungen und Lebensformen sterben, die seit
unvordenklichen Zeiten Geltung hatten, dann kann das nicht
ohne Schmerzen abgehen. Ins Nichts zu stürzen, mitgerissen zu
werden in Abgründe der Zukunft, das war der unweigerliche
Preis der Modernität. Die Welt wurde nicht wohnlicher davon,
dass Mythen zerbrachen, Tabus fielen und die Grenzen menschlichen Tuns und Denkens jeden Tag weiter ins Unbekannte vor-
geschoben wurden. Theodor Fontane hat in seinen Romanen
immer wieder Verheißung und Verdammnis des Kulturbruchs
beschrieben: »Irrungen, Wirrungen« handelt von dem Leiden
der Liebe, die schon für möglich erklärt, was die Wirklichkeit
noch verweigert.

Der Ausbruch an jugendfrischer Energie, technischer Fantasie und intellektueller Schöpferkraft war gepaart mit einer eigentümlichen Fin de Siècle-Müdigkeit und Ahnungen, dass jedem Aufbruch der Absturz folgte. Das galt nirgendwo stärker als in den späten Schriften Friedrich Nietzsches, schon vom Wahnsinn umwölkt. Der Januskopf der römischen Mythologie hätte das Wahrzeichen der Epoche sein können, der Alt und Jung darstellte, Vergangenheit und Zukunft, das Lächeln und den Schmerz. In der visionären Welt der Kunst und der Literatur fand solches Zeitbewusstsein seinen stärksten Ausdruck. Zu keiner anderen Zeit war Thomas Manns Roman »Die Buddenbrooks« zu schreiben, die Geschichte von Niedergang und Fall einer Patrizierfamilie aus Lübeck (1901). Wenig später schrieb Walther Rathenau, Sohn des AEG-Gründers, ein Außenseiter der jüdischen wie der preußischen Welten, sein visionäres Buch »Von kommenden Dingen«.

Im Jahr 1889 gründeten Otto Brahm, der Journalist Maximilian Harden, Theodor Wolff (Herausgeber des liberalen Berliner Tageblatts) und die Brüder Hart in Berlin die Freie Volksbühne als Verein, um der Zensur zu entgehen. Ihr Vorbild war das Théâtre Libre in Paris, gegründet durch André Antoine. Noch im selben Jahr wurde Gerhart Hauptmanns Drama »Vor Sonnenaufgang« inszeniert, welches das Theater als Bühne sozialer Anklage nutzte. Skandal war das Ergebnis. Aber das gab dem ganzen Unternehmen nur noch mehr Öffentlichkeitswirkung. Ibsen und Zola wurden auf die Bühne gebracht mit naturalistischen Dramen, die durch minutiöse Darstellung des Alltags einfacher Menschen auf soziale, ja naturwissenschaftliche Wahrheit zielten. An der Jahrhundertwende setzte sich das fort mit den »Sozialaristokraten« von Arno Holz – über die noblen Armen, ähnlich, wie Benjamin Disraeli den Roman »Sybil. Or the Two Nations«

(1845) konstruiert hatte. »Meister Oelze« von Johannes Schlaf trug eine ähnliche Botschaft in sich – und so auch Sudermanns »Ehre«, »Jugend« von Max Halbe und nicht anders die Dramen von Erich Hartleben und Karl Schönherr.

Den Skandal aller Skandale löste Gerhart Hauptmann aus mit dem Stück »Die Weber«, das die Misere der schlesischen Hausindustrie, die Hartherzigkeit der Unternehmer und die Ignoranz der Obrigkeit des Theaters an den Pranger stellte. Die Polizei sah darin die Gefahr öffentlicher Unordnung, und der Berliner Polizeichef, Bernhard Freiherr von Richthofen, verbot das Stück mit dem nachmals berühmten Satz: »Uns passt die ganze Richtung nicht.« Daraufhin wurden die »Weber« in der Freien Volksbühne aufgeführt, und wer auf sich hielt, ging dorthin. Ein Jahr später gestatteten die angerufenen Richter eine öffentliche Aufführung, die mit großem Applaus beantwortet wurde, als Demonstration gegen die kaiserliche Kunstschelte. Seine Majestät ließen wissen, dass es missbilligt werde, wenn Herren vom Militär die Vorstellungen besuchten, schon gar in Uniform. Die kaiserliche Loge wurde gekündigt.

Was in Berlin geschah, wiederholte sich andernorts. In Schwabing bei München übte sich das Kabarett, die schicke neue Form des altbayerischen Derbleckens, in scharfem und bitterem Ton. Die Wochenblätter »Jugend« – ein Lifestyle-Magazin – und der »Simplicissimus«, der die politische Satire zu neuen Höhen führte, wurden überall gelesen. Die »Jugend« machte die Traumreise ins Land der jugendlichen Rebellen aus gutem Hause und schuf wie nebenbei eine romantisch-florale deutsche Variante der Art nouveau, die alsbald Jugendstil hieß. Der »Simpl« verspottete das Establishment, ob in Uniform oder im Bratenrock, zum Amüsement vieler, die dazugehörten. Beide Blätter bekräftigten die Überzeugung in München und anderswo, dass die

Süddeutschen, vor allem die aus dem Bildungsbürgertum, den monokelbewehrten Offizieren und steifen Bürokraten aus Preußisch-Berlin allemal überlegen und die besseren Menschen waren. Die Karikaturen des »Simpl« und die dazugehörigen Kommentare waren bissig und offenbarten Risse, die nach der politischen Korrektheit jener Tage nicht existierten.

In Suburbia entstand ein neuer, leichterer Lebensstil. Dekadenz war da nicht Schrecken, sondern Spiel. Zwischen Bogenhausen und Ebenhausen nannte man Prinzregentenzeit, was anderswo als Belle Epoque gefeiert wurde. Das bezog sich auf Prinzregent Luitpold, der dem im Starnberger See in Geistesverwirrung geendeten Ludwig II., dem »Kini« der Älpler, gefolgt war. Der Jugendstil, Inbegriff einer zivilen Kultur und zugleich des Aufbruchs, ergriff die Kinder der bürgerlichen Familien, die das amtliche schwere Deutschland, namentlich in seiner norddeutsch-preußischen Ausgabe, lachhaft und schmerzhaft fanden. Idealistisch mehr als hedonistisch, entstand ein radikaler Chic unter jungen Männern und Frauen, die nicht altern wollten, sich selbst und das Leben liebten und die ihre Eltern bemitleideten, gefangen in starren Konventionen und alten Heucheleien. Lange, ungebändigte Haare ohne Hochfrisur, weg mit dem Korsett und anderen weiblichen Marterinstrumenten, das war die Freiheitsbewegung der jungen Frauen, und ihnen antwortete der offene Kragen, der lässige Schwung der jungen Männer − alles Symbole und Signale eines idealistischen Abschieds von allen Zwängen der Vergangenheit.

Jung zu sein, war nicht mehr, wie früher, eine vorübergehende Lebensspanne, sondern Lebensform und Weltanschauung. Dazu gehörte wie selbstverständlich die Lust, alle überlieferten Weisheitslehren in den Wind zu schlagen und den Rat besorgter Mütter und Väter zu ignorieren. Die Jugendbewegung drängte hinaus – wohin war eher romantisch als geographisch definiert: zur Natur, auf die Höhen, in eine neue Gemeinschaft der Auserwählten. »Im Frühtau zu Berge wir zieh'n, fallera...« – so klang es zur Klampfe, bevor am Abend die Feuer entzündet wurden, durch die man, wie zur seelischen Reinigung, zu springen hatte, einzeln oder Hand in Hand mit dem Liebsten oder irgendeinem anderen Gleichgesinnten. Da waren ernsthafte junge Männer und Frauen zusammen, um zu singen, zu philosophieren, einander Rilkes »Cornet«, die Weise von Liebe und Tod, vorzulesen und dann für den Rest der Nacht das zu tun, was junge Männer und junge Frauen, wenn sie entflammen, seit dem Beginn der Zeiten tun.

Wandern war nicht einfach Fortbewegung zu Fuß. Der »Wandervogel« war eine Art Orden, dem man sich zugehörig wusste durch Stil und Gesinnung. Wandern war irdische Religion. Im Sommer 1913 hatten die Jugendbewegten ihr großes Fest auf dem Hohen Meißner, südöstlich der Stadt Kassel gelegen, ein Berg wie aus den Märchen der Brüder Grimm, kaum gestört durch einen bescheidenen Braunkohlentagebau. Dort gelobten sie einander »innere Wahrhaftigkeit« und meinten ihren eigenen Idealismus und vor allem den festen Willen, niemals so zu werden wie die Väter und Mütter in den Tälern der Zivilisation. Theodor Herzls »Judenstaat« und der darauf gründende Zionismus waren geistesverwandt, aber konkret auf ein politisches Ziel gerichtet, einen Staat im Heiligen Land. Die Jungen sahen sich als Elite, zur Führung bestimmt durch neue Tugenden, aufgerufen für eine neue Zeit und ein neues Land. Aber es war diese idealistische Generation, die ein Jahr später zu den Fahnen drängte und auf Flanderns blutigen Feldern den Tod für jenes Vaterland suchte, das ihnen zuvor so schal, so alt, so kalt erschienen war.

Von den vielen Wegen, mit denen die Zukunft lockte, war keiner so verführerisch und geheimnisvoll wie jener der Sexualität. Es war ein immer geahntes und immer durch Ängste und Konventionen verschlossenes Wunderland, das sich um die Jahrhundertwende auftat. Über viele Generationen war die wahre Natur der Beziehung von Männern und Frauen zum anderen Geschlecht etwas, das hinter der Kälte von Eheverträgen wohlweislich versteckt blieb, auf dem Theater nur in Andeutungen vorkam und unter den Gebildeten allenfalls als Anspielung auf die Liebschaften des Zeus, das Treiben der Aphrodite oder die Verführungen Amors existierte und existieren durfte – als gebe es eine geheime Konvention, die Physik der Gefühle nicht zu kennen.

Der Wiener Psychiater Dr. Sigmund Freud aber, der Freuden und Leiden des gehobenen Bürgertums der Donau-Metropole studierte, zerbrach den Boden der Konventionen unter dem Establishment und entzog den strengen Übereinkünften, was Ehe, Elternschaft, Eigentum und Treue anlangte, die Grundlage. Plötzlich traten Mann und Frau einander gegenüber in einem unbarmherzigen und zugleich verführerischen Licht. Man brauchte keine psychologischen Fachzeitschriften zu studieren, um zu begreifen, dass etwas Neues in der Luft lag. Die Botschaft war Befreiung. Aber die Verteidiger der Tradition warfen ein, dass dafür ein Preis zu entrichten war, in seelischem Leid und Verwirrung der Gefühle. Was die Individuen verführte, unterminierte auch die Ordnung der Gesellschaft. Auch war nicht zu verkennen, dass mit den aufregenden Enthüllungen über die Sexualität dunkle Andeutungen verbunden waren über die Rolle der Gewalt. Mehr noch, wenn die Menschen getrieben wurden von inneren Kräften jenseits ihres Begreifens und Beherrschens, was sollte dann werden aus den alten Forderungen der Verantwortung, der Moral, der Sünde und der Bedürftigkeit der Gnade? Die Säulen, die das Gebäude von Staat und Gesellschaft trugen, begannen leise zu schwanken. Was sollte aus der Ehe werden, aus den uralten Institutionen, die auf die Einhegung der Sexualität gegründet waren?

Die Antworten wurden, andeutend zwar, auf der Bühne gegeben. Im »Tannhäuser« und im »Ring« hatte Richard Wagner, der 48er Revolutionär, der zum Magier des Musiktheaters wurde, schon Jahrzehnte zuvor ernste und beunruhigende Hinweise gegeben, wenn die Emotionen auf der Bühne der wilden Musik aus dem Orchestergraben geheimnisvolle Ausdeutung lieferten. Solche Musik signalisierte das Ende aller Konventionen, versteckte die Botschaft aber in der eher lachhaften als bedrohlichen Kunstsprache einer mythischen Vergangenheit. Aber die skandalösen, subversiven Botschaften waren zu sehen und zu hören, Jahr für Jahr, wenn im Sommer auf dem Festspielhügel in der sich sonst bieder gebenden Markgrafenstadt Bayreuth die Katarakte der Seelenmythen inszeniert wurden. Bismarck wusste, warum er es kalt ablehnte, aus dem Reichshaushalt die erbetene Subvention an den großen Maestro von Haus Wahnfried zahlen zu lassen.

Theodor Fontane beschrieb in den »Wanderungen durch die Mark Brandenburg« ein Land, das es nicht mehr gab. In seinen Romanen dagegen verfasste er Reisebeschreibungen für ein Land, das sich gerade öffnete. Er war ein sensibler Beobachter des Prozesses, in dem moralische Wertmaßstäbe erodierten durch den Kampf der Gefühle gegen die Institutionen und Standesschranken. Die bittersüße Geschichte der »Effi Briest« erzählt von der Strafe, welche die Heldin durchleidet, als ihr Verehrer vom eifersüchtigen Ehemann zum Duell, wie nicht anders möglich, gefordert und erschossen wird. Zahllos sind die Liebesbeziehungen, die Fontane beschreibt, die hoffnungslos quer verlaufen zu den Standesgrenzen. Die Liebe mag noch so leidenschaftlich sein: noch ist nicht die Zeit gekommen, da der Oberleutnant mit der Dienstmagd mehr als ein verschämtes Glück haben darf. Dies ist nicht mehr der feine Zynismus Heinrich Heines:

»Blamier mich nicht, mein schönes Kind,
und grüß mich nicht unter den Linden.
Wenn wir bei mir zu Hause sind,
wird sich schon alles finden!«

Nein, ein halbes Jahrhundert später teilt Fontane den Schmerz seiner Romanfiguren, aber sie müssen noch leiden und scheitern an ihrer Suche nach dem verheißenen und unerreichbaren Glück.

Doch in der folgenden Generation sind Ibsen und Strindberg kühner und rücksichtsloser. Ihnen geht es nicht mehr um die Schwäche des menschlichen Herzens, sondern um die Unbarmherzigkeit der Institutionen, die zerbrochen werden müssen, damit das Unglück aufhört. Was Flaubert mit Madame Bovary tat und Tolstoi mit Anna Karenina – die Närrinnen der Liebe den Konventionen als Menschenopfer darzubringen –, war sublime Darstellung dessen, was wahrscheinlich jeden Tag landauf, landab geschah, ob im Frankreich Renoirs, im England Ruskins, im Deutschland Thomas Manns. Die Menschen hatten die Frucht vom Baum der Erkenntnis des Guten und des Bösen gekostet. Nun fanden sie sich in einer Welt, die weder Himmel noch Hölle war, aber bar aller überkommenen Weisheit.

Moralische Vieldeutigkeit wurde Signatur der Epoche. Ausgestattet mit den Erkenntnissen der modernen Naturwissenschaften und ungewiss der Existenz Gottes, und damit seiner eigenen

Bestimmung, verweigerten die großen Fragen dem Menschen alle verbindliche Antwort. Ibsen, Strindberg, Hauptmann, Tschechow, Thomas Mann: Sie alle fragten auf verschiedene Weise nach der neuen Bedeutung der alten Conditio humana. Aber sie fanden nichts als Risse in den Mauern und Fassaden, von denen der Putz abfiel. In der Nussknacker-Suite ließ Tschaikowsky schon die Ratten die weißen Ritter besiegen, während die Petersburger Hofgesellschaft ihrem eigenen *memento mori* höflich applaudierte. Wedekinds »Frühlings Erwachen« und Arthur Schnitzlers »Reigen« wurden deutlicher, daher auch regelmäßig verboten und nur immer interessanter. Sie boten ein Gewebe aus Zynismus, Heuchelei und kalter Begierde – während Wärme und Liebe aus der Welt waren. Richard Strauss nahm in »Salomé« die letzten Schleier der Konvention weg und zeigte offen die Verwandtschaft von Leidenschaft und tödlicher Gewalt.

Abseits der Bühne aber lagen die vorerst nur halb ausgegrabenen Labyrinthe der menschlichen Seele. Sie vollends zu öffnen, bedurfte es erst des Krieges und seiner Entgrenzungen. Dichter und Seelenärzte waren nicht schuld an dem, was folgte – und vielleicht folgen musste. Sie taten nicht mehr, als zu beschreiben, was sie sahen: Aufruhr in der Kollektivseele der europäischen Nationen.

Alles war Entgrenzung. Max Weber, der Soziologe, ein besonnener, eher der Linken zuneigender Mann, forderte in seiner Freiburger Antrittsvorlesung den nationalen Aufbruch: die Reichsgründung sei ein Jugendstreich gewesen, den die Nation auf ihre alten Tage beging, wenn sie nicht der Anfang würde »einer neuen Großen Politik«. Es war die Zeit, da Albert Einstein die Relativitätstheorie formulierte, die die klassische Physik hinter sich zurückließ, und Max Planck die Quantentheorie, die das Gleiche tat. Wenn aber die Welt der Wissenschaft ebenso aus

dem Lot kam wie die Welt des Gefühls, wie konnte da die Politik
so tun, als sei die Welt der Enkel noch die der Großväter? Das europäische System, zu Wien gegründet am Jahrhundertanfang,
hatte immer noch alle Erschütterungen überstanden. Jetzt wurde aus dem schwierigen Konzert eine schrille Kakophonie.

VIII. DAS ENDE EINES KONZERTS

»The repose of Europe« – als Gleichgewicht hatten seit dem jüngeren Pitt Generationen britischer Premiers bis hin zu Palmerston und Disraeli den Rahmen britischer Politik und zugleich das Friedensprinzip Europas definiert. Die sozialen und nationalen Revolutionen von 1830 und dann von 1848 hatten sich nicht darum geschert und waren mit der Tür ins Haus gefallen. Seitdem waren die Grundlagen von Macht und Legitimität wieder so brüchig, wie sie zu Wien gewesen waren. Aber keine Wiener Ordnung deckte die Dissonanzen zu.

Regierungen und Regime mussten nicht mehr ihre Abkunft aus grauer Vorzeit beweisen, sondern ihre Durchsetzungsfähigkeit im Kampf ums Dasein. Sie mussten Arbeit schaffen, Wohlstand und wachsende Löhne garantieren, in einem Wort: die modernen Industrien vor den Staatswagen spannen. Das unablässige Anwachsen der Menschenzahl und der Fortgang der Industrialisierung machten es erforderlich, Rohstoffe zu sichern und Märkte zu erobern. Vom Bristol Channel bis zu den Weichselsümpfen ging es überall um die Flucht nach vorn, um politischen Grundkonsensus in Staaten, die im Innern von sozialen Gegensätzen bedroht waren und nach außen miteinander um Märkte, Macht und Geltung rangen. Deutschland war keine Ausnahme. Aber Deutschland lag in der Mitte.

Nach dem deutschen Triumph über Frankreich hatten die britischen Politiker mit Sorge gesehen, wie das Gleichgewicht der Kräfte auf dem Kontinent verändert wurde. Als Benjamin Disraeli von der »deutschen Revolution« sprach (1871), verriet er nur, dass alle konventionellen Begriffe versagten. Gleichwohl aber setzte sich in den kommenden Jahren eine entspanntere Sicht durch. Die britische Politik sah ihr imperiales Ausgreifen

vorerst durch keine Kontinentalhegemonie gefährdet, und die
Kolonialexpansion der Deutschen wurde mit Herablassung hin-
genommen, zumal Bismarck klug genug war, Briten und Franzosen den Vortritt zu lassen: den Briten, weil er ihr Wohlwollen
brauchte, den Franzosen, weil er sie in Übersee beschäftigt sehen
wollte, weit weg von Metz und Straßburg. Als beim Berliner
Kongress im Sommer 1878 Bismarck das britische Friedens-
diktat an Russland bestätigte, blieb den Briten ein Krieg erspart. Aber Dankbarkeit zwischen Staaten ist ein vergängliches
Gut. Wenige Jahre später war die Regierung Ihrer Majestät, in
Zentralasien mit dem »Great Game« gegen den Zaren beschäftigt und in Afrika mit der »Cape to Cairo«-Politik gegen Frankreich, wiederum auf deutsche Hilfe angewiesen: auf der Kongo-
Konferenz von 1884 blieb sie nicht aus.

Das Deutsche Reich erwarb Kolonien mit der linken Hand,
und Bismarck gab sie bei Bedarf auch wieder her. Gute Beziehungen zu England waren das allemal wert. Aber dem erstrebten
Bündnis kam er niemals nahe. Englands weit gespannte Besitzungen zu garantieren erschien Berlin ebenso riskant, wie London es mied, sich für Elsass-Lothringen zu engagieren. Dazu
kam der Gegensatz der politischen Systeme: Bismarck und den
Bismarckianern erschien parlamentarische Regierung als Widerspruch in sich, schwankend und unverlässlich. Das deutsche
Regime der festen Hand dagegen wurde gerechtfertigt aus der
permanenten Bedrohung des Machtstaats in der Mitte. Dennoch war die stille Allianz während der Bismarckzeit und noch
unter Caprivi wirksam. Die Familienverbindungen zwischen
den Hohenzollern und dem Haus Hannover versprachen enge
Beziehungen. Die alte Queen, »grandmother of Europe«, war
auch die Großmutter Kaiser Wilhelms II.

Als der alte Lotse das Schiff verließ, waren St. Petersburg und

Paris weit vorangekommen mit den Verhandlungen über Handelsvertrag und Militärkonvention. Die jungen preußischen Generalstäbler, die an den Zarenhof kommandiert wurden, wie seit Jahrzehnten schon, fanden in den Kasinos der russischen Garderegimenter ein eiskaltes Klima. Französische Banken versorgten die russischen Bahnen und Industrien mit Kapital, die Berliner Banken konnten nicht mehr mithalten. Die französische Rüstungsindustrie versah die russische Armee mit modernen Gewehren und Kanonen. Russische Offiziere wurden in Paris wie Halbgötter gefeiert, und Flottengeschwader machten festlichen Besuch in Le Havre und St. Petersburg. Das war der »cauchemar des coalitions«, der Bismarck immer auf der Brust gesessen hatte – aber nun war er real. Die deutsche Grenze im Westen war davon ebenso bedroht wie Österreich-Ungarns Stellung in Galizien und auf dem Balkan. Jetzt oder nie war die Zeit für die deutsche Außenpolitik, die Beziehungen zu Großbritannien zu kultivieren. Dafür gab es Chancen schon deshalb, weil die Briten in Asien auf die Russen stießen und in Afrika auf die Franzosen. Aber jede Annäherung zwischen Berlin und London setzte voraus, dass das Reich ohne jeden Hintergedanken jene Zurückhaltung in Flottenfragen fortsetzte, die unter Bismarck Gesetz gewesen war.

Die Flotte unter Schwarz-Rot-Gold war in den Jahren 1848/49 der greifbarste Ausdruck national-deutscher Bestrebungen gewesen, den es gab. Als die wenigen Schiffe nach dem Frankfurter Kehraus versteigert wurden, war dies eine Demütigung der Liberalen, die noch Jahrzehnte später unvergessen war. Die Armee blieb, das war Ergebnis des preußischen Verfassungskonflikts, unveränderlich in der Hand der Monarchie. Anders die Flotte: sie war für weitere Horizonte bestimmt als die alten Schlachtfelder in Polen und in der Champagne, wo die Söhne

des preußischen Adels ihr Blut vergossen hatten. Bismarck brachte für die Flotte keine Sympathie auf und hielt sie klein: dass
ein General der Infanterie, Leo von Caprivi, sie im Reichsmarineamt verwaltete, sprach nicht für Unternehmungsgeist jenseits
von Küstenschutz und Heerestransport. Die Potsdamer Gardeof-
fiziere sahen in der Flotte nur das überflüssige und geldfressende
Spielzeug für bürgerliche Technokraten und Etagenadel. Aber
als Wilhelm II., Imperator Rex, die Bühne betrat, da begannen
Träume von imperialer Größe und maritimer Macht, um die britischen Vettern zu beeindrucken und, wenn möglich, ihnen den
ersten Rang zu nehmen.

Wilhelm II. hegte zu Großbritannien und den Briten eine
Hassliebe, am meisten zur Royal Navy, die er bei seinen jährlichen Visiten in all ihrem Glanz sah, wenn sie vor Cowes, nahe
Portsmouth, den Union Jack flattern ließ. Er war überzeugt, wie
viele Deutsche mit ihm, dass Deutschlands weltweite wirtschaft-
liche Geltung eine ozeangängige Flotte brauchte, und er war nur
Verstärker einer verwilderten und ahnungslosen öffentlichen
Meinung, wenn er vom britischen »Handelsneid« sprach und
dem »perfiden Albion« – wo in Wahrheit die Briten, während
Deutschland längst zum Protektionismus übergegangen war,
beim Freihandel geblieben waren. Sir Ernest Cassel – ein Freund
des Prinzen von Wales, später Eduard VII. – und Albert Ballin,
Chef der Hamburg-Amerika-Linie HAPAG und oft des Kaisers
Dinnergast, wussten wahrscheinlich mehr als irgendjemand
sonst über Handel und Schifffahrt und versuchten, den Hitz-
köpfen auf beiden Seiten eine kühle Betrachtungsweise nahe zu
bringen, aber vergeblich.

Die größte Verführung lag darin, dass seit Ende der 1880er
Jahre der Flottenbau revolutioniert wurde. Torpedo und Un-
terseeboot wurden praxistauglich, Stahlpanzerungen und weit-

tragende Geschütze wurden eingeführt, Elektrizität und Optik veränderten Technik und Taktik des Seegefechts. Damit winkte auch dem Spätankömmling die Chance, es der Royal Navy gleichzutun, ja, sie zu überholen, wenn es nur entschlossen genug geschah. Was Admiral Mahan den Amerikanern predigte, »Weltmacht durch Seemacht«, wurde Versuchung und Versprechen – auch für die Deutschen. Wilhelm II. ließ Hunderte von Exemplaren des Mahan-Buches verschenken.

Es war ein jugendlicher, ungewöhnlich durchsetzungsstarker Kapitän zur See, der dem Kaiser als Kommandeur seiner Torpedoboot-Flottille auf dem Weg nach Cowes auffiel. Alfred Tirpitz entstammte einer Mittelschichtfamilie in Kiel. Er fand seine Berufung darin, dem Kaiser eine Schlachtflotte zu entwerfen, welche die Briten dort in das strategische Duell zwingen wollte, wo ihr Empire am verwundbarsten war, in der Nordsee: warum Tirpitz glaubte, die Briten würden sich darauf einlassen, blieb immer sein Geheimnis.

Jedenfalls stand diese Strategie in schreiendem Gegensatz zu allem, was bis dahin deutsche Sicherheitspolitik gewesen war. In den Offizierskasinos des Heeres sprach man bald von der »hässlichen und grässlichen Flotte«. Was den Kaiser faszinierte, war die Chance, nicht allein britische Admirale zu beeindrucken – und den Vorstand des Yachtklubs von Cowes, der ihm die Mitgliedschaft verweigert hatte –, sondern auch die deutschen Wähler. Er sah sich selbst als Nachfolger des »Soldatenkönigs« Friedrich Wilhelm I. und wollte in den Annalen preußisch-deutscher Geschichte wie dieser gerühmt werden. Die Generalstäbler in Berlin sahen mit Ingrimm, wie das Geld, das ihnen fehlte, in die Flotte investiert wurde.

Aber sie verstanden auch nicht die Faszination ferner Kolonien und maritimer Machtdarstellung für Deutschlands bürgerliche Schichten. Wenn 1898 Staatssekretär Bernhard von Bülow im Reichstag donnerte, auch Deutschland brauche den »Platz an der Sonne«, dann meinte er nicht einen staubigen Hafen in China, sondern die Herzen der Wähler. Der blaue Hundertmarkschein, der damals neu entworfen wurde, zeigte auf der einen Seite viel Neo-Renaissance, auf der anderen aber Germania in der stählernen Brünne, unter einer ausladenden deutschen Eiche sitzend, die Hand auf den Symbolen von Ackerbau, Industrie und Handel, den Blick geheftet auf ein qualmendes Geschwader von Panzerschiffen, die wie Spielzeug aussahen und es doch nicht waren. Dies war die Zeit, da jedes Familienfoto Töchter und Söhne in herziger Matrosenuniform zeigte.

Das deutsche Flottenfieber kam mit der Welle imperialistischer Expansion, welche aufs Neue ausgelöst war durch Englands Griff nach Ägypten und dem Suezkanal 1882. Andere europäische Mächte blickten ebenfalls nach Afrika. Bismarck tat nicht mehr als das, was unvermeidlich war. Eines Tages war ein Kolonialschwärmer zu ihm gekommen und wollte es anders, da gab er zur Antwort: »Ihre Karte von Afrika ist ja sehr schön. Aber hier ist Frankreich und da ist Russland, und das ist meine Karte von Afrika.« Aber Presse und Publikum wollten mehr, davon überzeugt, dass ein »deutsches Indien in Afrika« darauf wartete, den Deutschen in den Schoß zu fallen. Auch gaben sich manche Kolonialträumer überzeugt, die Kolonien würden die Sozialdemokraten bekehren und zudem Auswanderer dem Deutschen Reich erhalten.

Die Kolonialpolitik begann mit einer Dampfersubvention, dann folgte Ostafrika mit Tee und Kaffee und Südwestafrika mit Diamanten. Aber in den letzten Jahren war Bismarck der Sache müde und wollte den ganzen deutschen Kolonialbesitz einem Hamburger Kaufmannskonsortium verpachten für eine einzige symbolische Mark: zu spät. Der Kolonialverein war längst zu mächtig, die Verlockung der fernen Horizonte, obwohl niemand dort zu leben begehrte, zu groß, zu tief auch eingewurzelt die Vorstellung, Rohstoffe auf eigenem Boden zu graben: so als sei im Konfliktfall irgendetwas davon zu verteidigen.

Nach den Caprivi-Jahren folgte dem Erwerb der ersten Kolonien der »informelle Imperialismus« der befestigten Handelsstützpunkte und des Flottenbaus – so wie Briten, Franzosen und Belgier es zuvor gehalten hatten, nicht anders als Spanier, Portugiesen und Niederländer. Eine deutsche Regierung, die dem imperialistischen Instinkt nicht die Zügel schießen ließ, hätte fest im Sattel sitzen müssen, und nicht einmal Bismarck im Zenit der Macht hat solches vermocht. Aber die Nachfolger Bismarcks und Caprivis in der Wilhelmstraße waren schwach und ohne Sinn für die Gefahr der Lage: was alle taten, warum sollten die Deutschen es nicht tun? Dazu kam, dass der Kaiser in Flotte und Flottenpolitik das Instrument sah, seinem »persönlichen Regiment« die populäre Basis zu geben und einen neuen kaiserlichen Cäsarismus zu begründen. Friedrich Naumann hat 1913 in »Kaisertum und Demokratie« solches angedeutet, allerdings mit der Mahnung, die Demokratie ernst zu nehmen.

Die Schlachtflotte und die kaiserlichen Omnipotenz-Träume, die damit verbunden waren, machten Tirpitz zum Treiber der deutschen Politik. Der mit Nachhilfe aus dem Reichsmarineamt gegründete Flottenverein machte Druck, und Tirpitz erwies sich als Meister darin, zweifelnde Parlamentarier für seinen Haushalt zu gewinnen. Journalisten wurden großzügig honoriert, Professoren im Land umhergeschickt. Selbst als schon absehbar war, dass die Briten mit den von Churchill verlangten und durchgesetzten »Dreadnoughts« vorhatten, den ersten Rang zu halten, war keine Änderung mehr möglich. Die Baupläne lagen

fest, die Industriekontrakte, Krupp und die Werften an der
Spitze ebenfalls. Die Tatsache, dass Tirpitz selbst seitdem die
U-Boot-Waffe ausbaute, war stillschweigendes Eingeständnis,
dass die große Strategie schon im Frieden gescheitert war. Politische Konsequenzen aber gab es nicht.

Wen die Götter verderben wollen – so wussten die Römer –,
den schlagen sie mit Blindheit. Niemals hat es im Deutschland
jener Epoche eine politische Strategie gegeben, die breiter gegründet war in den Grenzzonen von Demokratie und Demago-
gie und populärer, und dazu unterstützt durch eine tiefgestaffelte
Phalanx organisierter Interessen. Selbst die landbesitzenden
Schichten wurden halbwegs versöhnt, als Reichskanzler von
Bülow ihnen 1902 die Wiederherstellung der alten Schutzzölle
bot. Der Adel hatte Geschmack gewonnen am eleganten Leben,
die Söhne beim Militär brauchten ihren Monatswechsel, die
Güter waren überwiegend bis zur Schmerzgrenze beliehen,
während der reiche Kommerzienrat aus der Stadt sich einen
Schwiegersohn aus der Blüte der Aristokratie aussuchen konnte.
In dieser Lage war die Wiederkehr des Protektionismus wie ein
Landregen nach langer Trockenheit. Während der britische
Flottenbau 1910/11 das »butcher's budget« von David Lloyd
George nach sich zog, eingeschlossen House of Lords-Reform,
konnte das Reich wegen seiner blockierten Verfassungslage die
Finanzierung nicht in einer Erhöhung direkter Steuern suchen.
Sie blieb deshalb äußerst prekär. Dass damals die Champagner-
steuer eingeführt wurde für des Kaisers »schimmernde Wehr«,
war beides, eine Notmaßnahme, aber auch das Signal an die
Massen, dass nicht sie, sondern die Reichen die Flotte bezahl-
ten. Des Kaisers Flotte ist längst dahin, die Sektsteuer aber ist
geblieben.

Im Vergleich zu England war Deutschland eine verspätete

Industrienation. Aber in den letzten Jahrzehnten des 19. Jahrhunderts holte die deutsche Industrie schnell auf, und nach 1900 überholte sie alle älteren Konkurrenten, ausgenommen die Vereinigten Staaten von Amerika. Die deutsche Großindustrie spannte die Naturwissenschaften vor den Wagen. Die staatsfinanzierten Fachhochschulen und die Technischen Hochschulen sorgten für stetigen Nachschub an aufstiegswilligen, ehrgeizigen Ingenieuren. Deutsche Unternehmen, ob klein oder groß, waren nicht verwöhnt durch sichere Märkte in kaufkräftigen Kolonien wie die Briten. Marketing war ihre Stärke, sie warben weltweit um Käufer und lernten schnell, was Kundendienst bedeutet: Sprachkenntnis, Pünktlichkeit und Verlässlichkeit. Die Großunternehmen investierten in Lehrlingsausbildung und Fortbildung ihrer Mitarbeiter und verstanden die »economies of scale« besser als die britische Konkurrenz. Die Fusion wissenschaftlicher Grundlagenforschung und technischer Anwendung wurde zur besonderen Stärke der Deutschen. Die anfängliche Unterkapitalisierung war längst überwunden, nicht zuletzt durch Entfaltung der Universalbank auf Aktien mit örtlicher Kompetenz und globaler Reichweite.

Eisen- und Stahlerzeugung waren Indikator für beides, Wirtschaftspotenzial und militärische Stärke. Die deutschen Eisenhütten wuchsen von 1880 = 4,1 auf 1900 = 6,3 und 1913 = 17,6 Mio. Tonnen. Großbritannien aber fiel zurück: 1880 = 8,0; 1900 = 5,0; 1913 = 7,7. Die Zahlen für die Vereinigten Staaten sind nicht weniger instruktiv: 1880 = 9,3 Mio. Tonnen, 1900 = 10,3 und 1913 = 31,8. Frankreich, Russland, Österreich-Ungarn und Japan – von Italien gar nicht zu reden – zählten im Vergleich so gut wie gar nicht. Beim Energieverbrauch, dem zweiten Indikator industrieller Stärke, hatte Deutschland um 1880 etwa die Hälfte des britischen Standes erreicht, aber 1913 waren beide Staaten gleich-

auf. Nimmt man das gesamte Industriepotenzial, ausgedrückt in
Beschäftigtenzahlen, Investitionen und Wertschöpfung, so überholte Deutschland die britischen Inseln etwa 1913, während die
Vereinigten Staaten längst als kommende Weltmacht zu erkennen waren. Im Vergleich lautete der Index: USA 281,1 – Deutschland 137,7 – Vereinigtes Königreich 127,2.

Stärke und Umfang des Militärs blieben hinter dem Aufstieg der Industrie merklich zurück. Im Jahr 1880 hatte das
Deutsche Reich insgesamt 425 000 Soldaten und Seeleute unter
Waffen, verglichen mit 791 000 in Russland, 543 000 in Frankreich und 367 000 in Großbritannien. Im Jahr 1910 lautete die
entsprechende Zahl für Deutschland 694 000; für Frankreich
mit seiner wesentlich geringeren und älteren Bevölkerung =
769 000; für Großbritannien = 571 000 und für die Vereinigten
Staaten = 127 000. Bei der Kriegsschifftonnage blieb die Royal
Navy führend, doch verringerte sich die Überlegenheit deutlich. Im Jahr 1880 verfügte Deutschland über 88 000, Großbritannien 650 000, Frankreich 27 000, Russland 200 000 und die
USA 169 000 Tonnen. Eine Generation später, 1910, hatte
Deutschland mit 964 000 fast schon halb so viel Tonnage wie
Großbritannien mit 2 174 000; Frankreich hatte auf 725 000
hochgerüstet; die USA verfügten über 824 000 Tonnen, das kaiserliche Japan, dessen Kreuzerflotte erst jüngst in der See-
schlacht von Tsushima des Zaren schimmernde Wehr zusam-
mengeschossen hatte, verfügte bereits über 496 000 Tonnen. In
einem Wort, während Deutschland in der Stahlproduktion in
Europa weit vorn lag, blieb das Land in militärischer Präsenz-
stärke zurück. Selbst der massive Aufbau der Flotte nach den
ehrgeizigen und langfristigen Bauplänen des Admirals von Tirpitz von 1897 brachte Deutschland nicht mehr als 40 Prozent
der britischen Flottentonnage ein.

Zur Zeit des Burenkriegs in Südafrika (1899–1902) lernten die Briten zum ersten Mal seit langer Zeit die Nachteile ihrer traditionellen »splendid isolation« kennen und wurden bündnisbedürftig. Eine Allianz mit den »German cousins« erschien denkbar. Aber nun war es die Wilhelmstraße, die ablehnte. Unter dem hysterischen Druck der öffentlichen Meinung, die es mit den Buren gegen das »perfide Albion« hielt, verlegte sich die deutsche Außenpolitik auf die Politik der »freien Hand« – Bismarcks Albdruck der Koalitionen war den Enkeln nur noch ein Nebelstreif. Die britische Antwort war im Jahr 1904 die »Entente Cordiale« mit Frankreich, dem Erb- und Erzfeind vieler Jahrhunderte. Damit endete die Epoche britischer Gleichgewichtspolitik gegenüber dem Kontinent. Dem Wortlaut nach war das Bündnis zwischen London und Paris dazu bestimmt, koloniale Konflikte wie 1898 im oberägyptischen Fashoda zu verhindern. In der Sache aber ging es um Eindämmung der wachsenden Macht der Deutschen. Die britische Führung war nicht mehr länger imstande und willens, das Gleichgewicht der europäischen Mächte aus einer Position maritimer und wirtschaftlicher Überlegenheit zu moderieren, sondern ließ sich jetzt darauf ein, selbst Teil der kontinentalen Bündnisse und Konflikte zu werden – 1907 wurde St. Petersburg förmlich Teil der Paris-London-Allianz. Damit aber setzten die Briten das Empire, um dessen Bewahrung es letztlich ging, aufs Spiel. Für England wie für Deutschland zeichnete sich die Tragödie ab.

Die deutschen Führer wollten Weltwirtschaft und Weltpolitik und damit Weltgeltung. Doch von einer Strategie globaler Machtprojektion waren sie weit entfernt: weder reichten die Visionen noch die Kräfte. Was nichts anderes als nervöses Herumfuhrwerken war, wurde jedoch in London und Paris als Meisterplan verstanden und missverstanden. Während der ersten

Marokkokrise 1905, als Paris die Herrschaft über dieses nordafrikanische Territorium straffte, schickte der Kaiser eine kleine Flottenabteilung nach Tanger, um den Quai d'Orsay daran zu erinnern, dass Deutschland stark war und Russland nach den Siegen der Japaner im Fernen Osten über die Zarenmacht schwach, und es an der Zeit war, über Kompensation für Deutschland zu sprechen. Auf der anschließenden Konferenz zu Algeciras erhielt Deutschland denn auch ein Stück Mittelafrika. Aber das Manöver stärkte die Entente cordiale und machte sie endgültig zu einem Eindämmungsbündnis gegen Deutschland. In London schrieb der Staatssekretär des Foreign Office, Sir Eyre Crowe, ein Memorandum nach dem anderen über deutsche Weltmachtpläne. 1907, als London und St. Petersburg die alten Streitigkeiten im Fernen Osten beilegten, die Rivalität über Persien und Afghanistan beendeten und damit das alte »Great Game« erst einmal abschlossen, wurde der Zarenstaat Teil der Entente.

Die Triple Entente, die so entstand, wurde zur Zangenbewegung gegen Deutschland. Regierung und Öffentlichkeit empörten sich über das, was man »Einkreisung« nannte: Bismarcks »cauchemar« aufs Neue. Und eine Einkreisung war es in der Tat, unweise nach allen Maßstäben moderner Rüstungskontrolle, von der altmodischen Wiener Diplomatie nicht zu reden. Aber das deutsche Auftrumpfen hatte entscheidend dazu beigetragen. »Verführt durch die Macht, fanden die Deutschen Verbündete entbehrlich und machten keine Zugeständnisse«: Ob dies, wie der britische Historiker A. J. P. Taylor meinte, die einzige Bedeutung der Einkreisung war, ist indes zu bezweifeln. Der amerikanische Diplomat und Historiker G. F. Kennan, der viel wusste von Eindämmung und Management des Weltkonflikts nach 1945, erzählt in seinem »The Decline of the Bismarckian Order«

eine andere Geschichte. Er sah seit den 1880er Jahren russische und französische Politik zusammengehen, um die europäische Landkarte mit dem Bajonett umzuzeichnen, die Regelung von 1870 umzustürzen, den Russen die Dardanellen zu geben und die Donaumonarchie zu zerstören. Die Entente cordiale bedeutete das Ende des Gleichgewichts und machte das europäische System gefährlich instabil. Hinzu kam, dass die Deutschen in Österreich-Ungarn, London und Paris aber im revolutionsbedrohten Russland die Werkstatt des Weltuntergangs sahen. Beide Seiten hatten damit Motive, eher früher als später den Krieg zu suchen, wenn er schon unvermeidlich erschien, um dem Kollaps des Bündnisses zuvorzukommen.

Wenn das europäische Mächtekonzert des 19. Jahrhunderts auf dem Ausgleich der Großmächte beruhte, dann war schon die französisch-russische Allianz, weil sie für Angriff und Verteidigung galt, damit nicht vereinbar, ebenso aber auch der gleichzeitig begonnene deutsche Schlachtflottenbau. Seit die Briten 1908 zum »Dreadnought«-Sprung ansetzten, wäre das Wettrüsten zur See für die Deutschen praktisch verloren gewesen, wenn Tirpitz nicht fortan auf U-Boote gesetzt hätte. Die deutschen Admiräle hatten verloren, deshalb setzten sie fortan auf solche Waffensysteme, die dem Schwächeren gegen den Stärkeren eine Chance versprachen. Im Jahr 1912 hoffte Lord Haldane, britischer Kriegsminister, dass angesichts der neuen Kräfteverhältnisse mit den Deutschen ein Abkommen über wechselseitige Flottenbegrenzung zu verhandeln möglich sei. Es war dies ein kluger Versuch, den deutschen Aufstieg zur Weltmacht mit dem absehbaren Verlust der britischen Vorrangstellung kompatibel zu machen. Aber Tirpitz und der Kaiser lehnten rundweg ab. Zu viel Prestige und zu viel Geld waren investiert worden, um nach zwei Jahrzehnten verbissener Rüstung zurückzustecken.

Eine Chance, das Unglück zu wenden, vielleicht die beste in vielen Jahrzehnten, war vertan.

Die deutsche Strategie, ausmanövriert auf dem Wasser, hätte, als sie die Gefahr erkannte, auf Vertrauens- und Sicherheitsbildung setzen und zur Bismarckschen Vorsicht zurückkehren müssen. Das hätte bedeutet, wie Walther Rathenau damals anriet, die Rüstungshaushalte auf vertraglicher Basis mit Großbritannien zu begrenzen oder einseitig vorzugehen, um der Entente die Begründung zu nehmen. Selbst der Kaiser besaß zuzeiten genug Klugheit, den Zaren für sich einzunehmen. Bei Gipfelbegegnungen tauschten »Willy« und »Nicky« Uniformen und brachten großsprecherisch-schmeichlerische Toasts aus auf den »Admiral des Atlantiks« und den »Admiral des Pazifiks«.

Das europäische System der Jahre vor 1914 befand sich nicht hoffnungslos auf der Desasterstraße: das ist die Perspektive, die vom Kriegsausbruch nach rückwärts schaut. Es gab auch das retardierende Moment: 1912 und 1913 hielten die Großmächte unter Führung der deutschen und britischen Diplomatie mit einer Londoner Botschafter-Konferenz zwei gefährliche Balkankriege unter Kontrolle. London und Berlin kamen auch zu einem Abkommen, wie man, wenn Portugal alte Anleihen nicht bedienen konnte, ohne viel Lärm die portugiesischen Kolonien aufteilen wollte. Selbst die Streitigkeiten über die Türkei wurden weitgehend beigelegt. Um die Russen aus dem Spiel zu halten, einigten sich London und Berlin: das Land für die Deutschen, die See für die Briten. Das schloss auch die Bagdad-Bahn ein, die im Auftrag der osmanischen Regierung den Bosporus mit dem Persischen Golf und dem Roten Meer verbinden sollte. Die Überreste, in die Luft gesprengt während des Ersten Weltkrieges oder dem Verfall überlassen, kann man noch an vielen Stellen sehen.

Das letzte Vorkriegsjahrzehnt war eine Epoche strategischer Vieldeutigkeit, nicht der kollektive Marsch in den Abgrund. Aber der Große Generalstab in Berlin verlor die Nerven und reagierte mit professioneller Schärfe, aber ohne diplomatische Klugheit und damit fatal. Nach den Kriegen von 1864–1871 unter dem alternden Moltke – zu seiner Zeit eine Legende – betrachteten die Offiziere mit den auffallenden roten Seitenstreifen an den Hosen Frankreich als den Hauptfeind. Amtlich war man mit Russland verbündet, aber die preußische Erfahrung riet zur Vorsicht. Doch blieben die Planungen für Krieg im Osten und im Westen immer klar getrennt. Der politischen Führung verblieb damit, je nach dem Aufbau einer Krise, noch Entscheidungsfreiheit.

An der Jahrhundertwende, als die strategische Lage schon durch den Schlachtflottenbau belastet war, ließ sich der Generalstab auf eine weitere Fatalität ein. Die Französisch-Russische Allianz von 1904, gefeiert durch den prachtvollen »Pont Alexandre III« vor dem Garten der deutschen Botschaft an der Seine, verstärkt durch französische Waffenlieferungen und russische Anleihen auf dem französischen Markt, war mittlerweile eine strategische Tatsache, mit der man rechnen musste. Wenn man die Armeen des Zaren und die Divisionen der Französischen Republik zusammenzählte, kam man auf Stärken, die weit jenseits der deutschen lagen – selbst wenn die österreichisch-ungarischen Streitkräfte noch dazugerechnet wurden, von deren Belastungsfähigkeit im Krieg die Deutschen indes wenig hielten. Angesichts dieser Lage entschied der Generalstab unter Graf Schlieffen, dass jeder künftige Krieg unausweichlich an zwei Fronten gekämpft werden müsse, und nahezu gleichzeitig.

Der geheime Aufmarschplan, später »Schlieffen-Plan« genannt, war eine Strategie ohne Alternative, ein Produkt technokratischer Hybris, und dazu ein Fahrplan für Überanstrengung und Niederlage. Hatte nicht der ältere Moltke seinen Offizieren immer eingeschärft, jegliche strategische Planung reiche bis zur ersten Feindberührung, danach folge nichts als »ein System von Aushülfen«? 1905 wurde die deutsche Große Strategie darauf gegründet, dass die Franzosen schnell mobil machten, die Russen aber langsam. Unabhängig vom Grund des künftigen Krieges mussten daher die Feindseligkeiten durch eine massive Blitzoffensive gegen Frankreich eröffnet werden – ein Sichelschnitt durch das südliche Belgien gegen Paris –, um dort den Frieden zu diktieren und die Masse der deutschen Truppen auf der inneren Linie gegen die vordringenden Russen zu werfen. Im Osten würde unterdessen nur die Festung Posen – die allerdings seit 1911 abschreckend ausgebaut wurde und tatsächlich die russische Offensive 1914 gegen Ostpreußen lenkte – dem russischen Angriff auf Berlin entgegenstehen. Dazu kamen örtliche schwache Reserveverbände, die ihr Bestes leisten mussten, um natürliche Hindernisse wie Flüsse und Sümpfe zu verstärken. Die Oder-Linie sollte gehalten werden, das Land davor gab man verloren. Wenn dann nach getaner Arbeit die Truppen aus dem Westen eintrafen, sollte der Sieg im Osten folgen, die Österreicher herausgehauen werden. Was als Meisterplan galt – der politischen Führung unbekannt –, war in Wahrheit eine Strategie, aus Verzweiflung geboren. Es war die Schwäche des politischen Systems in Deutschland, dass die Halbgötter des Generalstabs, ohne dass Kanzler und Außenstaatssekretär eingeweiht waren oder auf Kenntnis bestanden, die Zukunft des Landes verwetten konnten. Die Konsequenz des Schlieffen-Plans hätte Vertrauensbildung nach allen Seiten sein müssen. Stattdessen wurde gerüstet.

Deutschlands Nachbarn hatten es nicht verkraftet, dass in

der Mitte des europäischen Systems eine Großmacht erschien und auch wie eine Großmacht auftrat. Nach Bismarck waren auch die Deutschen von den Konsequenzen überfordert.

IX. DAS GROSSE SPIEL
MIT DEM GROSSEN KRIEG

Es war nicht so, dass Europa vor 1914 es nicht abwarten konnte, sich selbst zu zerstören. In Warschau diagnostizierte 1899 der Bankier Iwan Stanislosowitsch Block »Ist Krieg heute unmöglich?« die Überlegenheit der Verteidigung über den Angriff und sagte die Erstarrung der Fronten und den Grabenkampf voraus. Er hatte den amerikanischen Bürgerkrieg studiert. In England schrieb 1910 Norman Angeli, Chefredakteur in Lord Northcliffes Zeitungsimperium, »The Great Illusion«:

Europa solle das Modell des British Empire, unabhängige Staaten verbunden durch freien Handel, übernehmen und dadurch »das internationale Problem« lösen. In Deutschland war es Kurt Riezler, Berater des Reichskanzlers von Bethmann Hollweg, der 1912 in einer Schrift zu der Auffassung kam, moderne Kriege seien zu furchtbar, um noch durchgekämpft zu werden. Sie würden als unkriegerisches Kräftemessen entschieden nach Maßgabe industrieller Stärke.

Der einzige Denker von Gewicht indes, der Analyse und Kriegsvermeidungsstrategie zu einem tragfähigen Konzept zu verbinden wusste, war Walther Rathenau, Sohn des AEG-Gründers und selbst ein international denkender Großindustrieller. Ein Mann von hoher Begabung und tiefen Widersprüchen – fast zu viel für ein einziges Leben. Er war Technokrat, aber auch Visionär, Philosoph mit einer kühl rationalistischen Betrachtungsweise und zugleich preußischer Patriot, ein Zionismus-kritischer Weltbürger, der es vorgezogen hätte, nicht Jude zu sein. Er erblickte in den vernetzten Systemen der Elektrizität, mit denen er die künftige Welt überzogen sah, die Chance, Krieg sinnlos und damit unmöglich zu machen. Seine gesammelten Werke umfassen viele Bände, geschrieben während der Zeit, in der er die AEG, die von seinem Vater Emil Rathenau gegründete Allgemeine Electricitäts-Gesellschaft, durch eine Phase konstanter Expansion steuerte.

Rathenau betrachtete Deutschlands überkommene Ordnung mit Bewunderung und Verachtung zugleich. Er suchte Distanz und wollte doch zur selben Zeit akzeptiert werden. Der Reserveoffiziersbewerber war ihm so wichtig wie später die Teilnahme an des Kaisers Abendtafel. Rathenaus Zukunftsvision umfasste ein Netzwerk industrieller Demokratien – mit oder ohne gekrönte Häupter –, die zusammen ein vereintes Europa bilden sollten, in Analogie zu den elektrischen Verteilungssystemen, die seit der Jahrhundertwende im Entstehen waren. Dass dies den imperialistischen und nationalistischen Strömungen der Epoche zuwiderlief, focht Rathenau nicht an. Er wollte Vernetzung der Lebensinteressen der Staaten nicht nur als Inbegriff industrieller Zweckmäßigkeit, sondern auch als Garantie gegen den Krieg, den er heraufkommen sah:

>»Ich sehe Schatten aufsteigen, wohin ich mich wende. Ich sehe sie, wenn ich abends durch die gellenden Straßen von Berlin gehe; wenn ich die Insolenz unseres wahnsinnig gewordenen Reichtums erblicke; wenn ich die Nichtigkeiten kraftstrotzender Worte vernehme oder von pseudogermanischer Ausschließlichkeit berichten höre ... Eine Zeit ist nicht deshalb sorglos, weil der Leutnant strahlt und der Attaché voll Hoffnung ist. Seit Jahrzehnten hat Deutschland keine ernstere Periode durchlebt als diese.«

Obwohl er in den Reichtum hineingeboren worden war, wollte er seinen Aufstieg aus eigener Kraft machen. Er studierte das damals neue Fach Elektrochemie. Er erkannte, dass die dampfgetriebene Mechanisierung der ersten industriellen Welle alsbald überholt wurde von der zweiten »Mechanisierung«. Es war ein Durchgangsstadium, das möglichst schnell zu überwinden war, nicht allein um die Menschen von geisttötender Arbeit zu befreien, sondern auch, damit modernes Bankwesen und Management die Produktionsprozesse optimieren konnten. 1899 trat er in den AEG-Vorstand ein, wo es zu seinen Aufgaben gehörte, Kraftwerke zu planen und zu finanzieren und ein europaweites Netz aufzubauen, mit der AEG im Zentrum. Die Überkapazitäten, die die europäischen Elektrizitätsmärkte an der Jahrhundertwende belasteten, führten ihn zu dem logischen Schluss, die Industrie zu reorganisieren und systematisch zusammenzufassen. Er glaubte weniger an das Genie der Großindustriellen als an die Idee eines allumfassenden Systems. Damit war er, wie Harry Graf Kessler ihn nannte, »Stockpreuße«, später aber auch Kronzeuge für Lenin. Die künftige Welt, so Rathenau, würde sich zu einer »einzigen untrennbaren wirtschaftlichen Gemeinschaft« entwickeln müssen. Die Nationalstaaten passten nicht in diese außerordentlich rationale Konstruktion, und deshalb sprach der Patriot Rathenau seine Wahrheiten auch verhalten aus. Die stille Bedingung all dieser Ideen war die finanzielle und industrielle Hegemonie der Deutschen in Europa. Es würde keine Kriege mehr geben, wenn die Logik der Industrie alle Streitigkeiten friedlich und abschließend entscheiden konnte. Rathenaus Idee der Industrie war nicht beschränkt auf die zeitgenössischen Obsessionen durch Monopole und Gewinne. Es ging ihm um Vermeidung von Reibungsverlusten und um durchgehende Effizienz, zuletzt und vor allem aber um Verhinderung des Krieges.

Rathenau verstand, dass die Kräfte der modernen Industrie, wenn sie nicht von organisatorischen Netzwerken und Gleichge-

wichten gebändigt wurden, einander mit Zerstörung bedrohten.
Als 1912 der britische Kriegsminister Lord Haldane Berlin be-
suchte – im Vorjahr hatten der britische und der französische
Generalstab schon die Gefechtsabschnitte untereinander aufge-
teilt für den Fall der deutschen Offensive – und ohne ein Flotten-
abkommen wieder nach London abreiste, schlug Rathenau
Obergrenzen für die Rüstung vor, die Deckelung von Militär-
haushalten, Verifikation durch einen internationalen Rech-
nungshof und eine Begrenzung der Truppenzahlen entsprechend der Bevölkerung. Im Dezember 1913 erweiterte er das
Konzept – heute würde man von Rüstungskontrolle und ver-
trauens- und sicherheitsbildenden Maßnahmen sprechen:

»Handelsgesetzgebungen sind auszugleichen, Syndikate
zu entschädigen, für fiskalische Zolleinnahmen ist Aufteilung und für Ausfälle Ersatz zu schaffen; aber das Ziel
würde eine wirtschaftliche Einheit schaffen, die der
amerikanischen ebenbürtig, vielleicht überlegen wäre,
und innerhalb des Bandes würde es zurückgebliebene,
stockende und unproduktive Landesteile nicht mehr
geben. Gleichzeitig aber wäre dem nationalistischen
Hass der Nationen die Schärfe genommen ...
Verschmilzt die Wirtschaft Europas zur Gemeinschaft,
und das wird früher geschehen als wir denken, so verschmilzt auch die Politik. Das ist nicht der Weltfriede,
nicht die Abrüstung und nicht die Erschlaffung, aber es
ist die Milderung der Konflikte, Kräfteersparnis und soli-
darische Zivilisation.«

Aber es gab nicht viele, die zuhörten. Rathenau war Kassandra,
und das Kassandraschicksal erfüllt sich darin, alles zu wissen

und dennoch keinen Glauben zu finden. Er war seiner Zeit um unvorstellbare Katastrophen voraus. Europa war getrieben von industriellem und technischem Optimismus und zugleich von politischem und strategischem Pessimismus wie niemals zuvor. Es brauchte nur einen Anlass, und das Werk der Selbstzerstörung konnte beginnen. Es begann am 28. Juni in Sarajewo im staubigen Süden der Donaumonarchie. Dort war der Thronfolger Erzherzog Franz Ferdinand, nahezu ungeschützt vor dem drohenden Terror, auf Inspektionsreise in der erst jüngst annektierten unruhigen Provinz.

»Es ist nichts«, stöhnte er, bis zum bitteren Ende Haltung bewahrend, während er verblutete. Ein bosnischer Serbe hatte aus nächster Nähe auf ihn und seine neben ihm in der Kutsche sitzende Frau geschossen. Der Attentäter gehörte einer studentischen Terrorgruppe namens Mlada Bosna (Jung-Bosnien) an, hinter der eine panserbische Geheimgesellschaft stand, »Schwarze Hand« genannt. Hinter dieser wiederum verbarg sich der serbische Geheimdienst. Sechs Wochen nach dem 28. Juni 1914 befanden sich die Hauptmächte Europas im Krieg. Die »Urkatastrophe der Gegenwart«, mit dem amerikanischen Diplomaten und Historiker G. F. Kennan zu sprechen, ließ nichts unverändert: nicht die stolzen Nationen Europas, nicht die Beziehung der Geschlechter, nicht Poesie, Malerei oder Musik, nicht die Vergangenheit und auch nicht die Zukunft – und schon gar nicht die Seelen der Menschen. Es war, wie der Titel der Kriegserinnerungen des jungen Historikers und Offiziers der Royal Welsh Fusiliers, Robert Ranke Graves, es sagt »a Goodbye to all that«.

Vom Großen Krieg hatte man immer gesprochen, aber niemand hatte eine Vorstellung, was Krieg im Industriezeitalter bedeuten würde. Die Staatskanzleien waren oft an den Rand des

Abgrunds getreten, aber nicht darüber hinaus. Der Selbsterhaltungstrieb der alten Eliten war dabei im Spiel, aber auch der Konsens aus den Tagen des Wiener Kongresses, dass Krieg Revolution brachte, und Revolution Krieg. Aber es gab auch die Logik der industriellen und finanziellen Vernetzungen und die Erkenntnis, dass, was immer im Krieg zu gewinnen wäre, nichts war im Vergleich zu dem, was jede Nation verlieren musste.

Krieg erschien offenkundig absurd. Und doch trat das Absurde ein, und das Krisenmanagement zeigte sogar Logik und Rationalität – ebenso jedoch Chaos, Inkompetenz und Blindheit. Die österreichische Generalität, besessen von Angst und Arroganz, sah die Rettung der Monarchie allein in einem kurzen militärischen Triumph über Serbien und nahm dafür selbst die Gefahr eines übermächtigen russischen Angriffs im Osten in Kauf. Der Zar sagte resigniert, als er die frühe Mobilmachung unterzeichnete: »Das Volk will es so.« Er ahnte, dass, wenn er nicht unterzeichnete, das Zarentum selbst in Gefahr geriet durch die panslawistische Hysterie. Unterzeichnete er aber, dann konnte nur ein Wunder den Caesaro-Papismus der Romanows retten. Jules Cambon, der französische Minister, wusste, dass Frankreich, um seine Bündnisse zu bewahren, das Schlachtfeld zu betreten hatte, obgleich auf dem Balkan französische Lebensinteressen nicht berührt waren. Reichskanzler Theobald von Bethmann Hollweg war sich im Klaren darüber, dass nach den ersten Schachzügen alles, was folgte, »Sprung ins Dunkle« war. Der Kaiser wollte, ungeachtet seines jungenhaften Imponiergehabes, zuletzt noch den Westaufmarsch anhalten, als er begriff, dass ein Zweifrontenkrieg bevorstand. Aber der Chef des Großen Generalstabs, der jüngere Moltke, hatte Seiner Majestät mitzuteilen, dass es dann nicht mehr eine Armee gäbe, sondern nur noch das Chaos.

Die Ereignisketten vom Mord am Erzherzog bis hin zu den Kanonaden des August 1914 ruft jene Zeilen ins Gedächtnis, die Graves' Großonkel, der Historiker Leopold von Ranke, ein Jahrhundert zuvor (»Venedig und die Osmanen im östlichen Mittelmeer«, 1826) über den Weg menschlicher Verblendung geschrieben hatte:

>»Nicht Blindheit ist es, nicht Unwissenheit, was die Menschen und die Staaten verdirbt. Nicht lange bleibt ihnen verborgen, wohin die eingeschlagene Bahn sie führen wird. Aber es ist in ihnen ein Trieb, von ihrer Natur begünstigt, von der Gewohnheit verstärkt, dem sie nicht widerstehen, der sie weiter vorwärts reißt, solange sie noch einen Rest von Kraft haben. Göttlich ist der, wer sich selbst bezwingt. Die Meisten sehen ihren Ruin vor Augen, aber sie gehen hinein.«

Stefan Zweig, der große Wiener Dichter aus jüdischer Familie, von Freud beeinflusst, nahm die düstere Rankesche Vision auf, als er in seinen Erinnerungen »Die Welt von gestern« schrieb:

>»Es ging um keine Ideen, es ging kaum um die kleinen Grenzbezirke, ich weiß es nicht anders zu erklären als mit diesem Überschuss an Kraft, als tragische Folge jener inneren Dynamik, die sich in diesen vierzig Jahren Frieden aufgehäuft hatte und sich gewaltsam entladen wollte.«

Hatte Österreich nicht genug Erzherzöge, um den ermordeten Thronfolger zu ersetzen und damit den Thron zu retten? Das überdehnte Bündelreich aus alteuropäischen Zeiten hatte seit Mitte des 19. Jahrhunderts alle Kriege verloren. Einen weiteren

Krieg, klein oder groß, würde es kaum überstehen, ohne dass all seine Nationalitäten auf ihre Ansprüche pochten und die stets gefährdeten Gleichgewichte über den Haufen warfen, die zwischen Österreichern und Ungarn, Protestanten, Katholiken und Orthodoxen, zwischen Christen und Juden bestanden, zwischen nationalem Erlösungsfieber und den alten übernationalen Eliten der Monarchie in Bürokratie, Klerus, Militär und Aristokratie mit ihrem Wahlspruch: »Seien wir vor allem Österreicher!« Der Thronfolger Erzherzog Franz Ferdinand hatte nicht als Freund des Zweibunds mit Deutschland gegolten. Sein Verlust wurde in den Kreisen des Berliner Auswärtigen Amtes als »immerhin tragbar« angesehen. Aber das Attentat war mehr als eine kaltblütige und sinnlose Mordtat. Es war vor allem ein Angriff auf das Prinzip der Habsburgermonarchie und sollte ihre Schwäche demonstrieren. So musste die Reaktion darauf österreichische Stärke unter Beweis stellen. Was immer aber österreichische Generale und Diplomaten dachten: das deutsche Nationalinteresse stand auf dem Spiel, denn die Donaumonarchie war der letzte Alliierte, der zählte – von Italien war nicht zu erwarten, dass die Halbinsel gegen die Mächte in den Krieg zog, die das Mittelmeer beherrschten.

Wenn die Österreicher dem Regime in Belgrad eine Demütigung bereiteten, so war das in Ordnung. Selbst ein chirurgischer Schnitt, der die Serben zum Einlenken zwang, war hinnehmbar. »Jetzt oder nie«, schrieb Wilhelm II. beistimmend an den Rand eines Botschafterberichts aus Wien: »Mit den Serben muss abgerechnet werden.« Es war die Theorie des Männlichkeitstests. Was aber, wenn solche Taktik außer Kontrolle geriet und Russland seine Massen gegen die Mittelmächte marschieren ließ? Dann erschien es immer noch besser, dass der Grund in Wien lag und nicht in Berlin – im letzteren Fall waren die Österreicher schwer-

lich bereit, ihre Bündnispflicht zu erfüllen. Die Gefahr der Eskalation wurde nicht ausgeschlossen. Aber nur die ersten Schritte
waren planbar. Alles Weitere unterlag einer fatalistischen Stimmung. Wenn schon Krieg, dann – so das Berliner Kalkül – wenigstens noch zu halbwegs günstigen Bedingungen. Die Lage
wurde indes verschlimmert durch den Schlieffen-Plan, von dessen gewagter Strategie die Österreicher nur nebelhafte Vorstellungen hatten – sonst hätten sie sich schwerlich auf das über-
mächtige russische Risiko eingelassen. Der Wiener Generalstab
ahnte nicht, dass, da die Deutschen alle Kräfte nach Westen werfen würden, ihre Armee dem russischen Angriff allein standzu-
halten hatte, ohne Hoffnung auf deutsche Verstärkung. Wenn
aber Italien nicht im Bündnis zu halten war, dann drohte auch
der Donaumonarchie der Zweifrontenkrieg.

Nach dem Attentat von Sarajewo hatte die russische Ge-
heimpolizei Ochrana verbreitet, es müssten nunmehr alle sla-
wischen Brüder zusammenstehen und kämpfen. Dies war ein
Mittel, die Barrikaden der streikenden Arbeiter in Moskau und
St. Petersburg wegzuräumen. Aber es zwang auch das Zarentum in den Krieg. Serbien war nur der Anlass. So auch für die
Berliner Militärs, die Anfang Juli dem österreichischen Generalstab eine Zusicherung unbedingter Bündnistreue zugehen
ließen – später als »Blankoscheck« bekannt. Das war eine hoch
gefährliche Abweichung von Bismarcks diplomatischer Weisheit. Denn dadurch wurden die Österreicher nicht nur zum
harten Auftreten gegen Serbien ermutigt, sondern es wurde
auch das Schicksal des Deutschen Reiches an die diplomatischen
Fähigkeiten der sklerotischen österreichisch-ungarischen Regie-
rungsmaschine gebunden. Der Generalstab in Berlin handelte
wie im großen Kriegsspiel, und weder Kanzler noch Auswärtiges
Amt griffen ein in das Vabanque der militärischen Halbgötter.

Unterdessen fiel die europäische Diplomatie, die noch ein Jahr zuvor die Balkankriege moderiert hatte, in Lähmung. Anfangs fehlte es am Begreifen, dass dieses Mal die Krise zum Großen Krieg eskalieren könnte. Dann wurde die strategische Gesamtsicht verdunkelt durch die taktischen Überlegungen der Innenpolitiken und die Frage, wie der Zusammenhalt der Bündnisse zu wahren sei und die schwächeren Bündnispartner festzuhalten wären: Russland auf Seiten der Entente, Österreich-Ungarn auf Seiten der Mittelmächte.

Die Deutschen waren der Verzweiflung nahe. Die österreichische Krisendiplomatie brauchte viel zu lange, um das Ultimatum an das verhasste Serbien loszuschicken und der russischen Mobilisierung durch vollendete Tatsachen zuvorzukommen. Aber noch bestand Hoffnung. So jedenfalls glaubte der deutsche Reichskanzler, dass der Zar zurückziehen, das bestürzte Frankreich zum Frieden raten und als Folge davon die Entente zerfallen würde.

London hätte eine Schlüsselrolle spielen können, aber das Londoner Kabinett war nahezu paralysiert durch die Aussicht auf einen Bürgerkrieg in Irland. So unterließ es die britische Diplomatie zu handeln, solange die Kriegsmaschinerien noch nicht in Gang waren. Am Ende folgte der Krieg seiner eigenen Logik: weil alle Mächte, ob Staatskanzleien oder Öffentlichkeit, an die Unausweichlichkeit des Großen Krieges glaubten, ging es nicht mehr um das prinzipielle Ob, sondern allein um das taktische Wie. So richteten sich die Anstrengungen kaum mehr darauf, den Krieg zu vermeiden, sondern darauf, die Allianzen zusammenzuhalten und den Krieg taktisch vorteilhaft einzuleiten. So kam es dazu, dass die Allianzen, statt den Krieg zu verhindern, ihn fast unausweichlich machten.

Jeder einzelne Staat hatte letzten Endes defensive Motive, die sich hinter offensiven Aktionen versteckten. Charles de Gaulle, zu jenem Zeitpunkt junger Infanterieoffizier, dem bald die Blut-mühle von Verdun bevorstand, resümierte im Sommer 1944 das furchtbare Geschehen mit den Worten, es sei dies der Dreißig-jährige Krieg unseres Jahrhunderts: »La guerre de trente ans de notre siècle.«

X. TANZ DES TODES

Helmuth Graf von Moltke, der alle seine Kriege zu gewinnen wusste, war niemals müde geworden, die jungen Generalstäbler zu warnen, alle strategische Planung reiche nur bis zur ersten Begegnung mit dem Feind, danach komme nichts als »ein System von Aushülfen«. Die Wahrheit dieses Lehrsatzes wurde an den deutschen Truppen bewiesen, die im August 1914 in tief gestaffelten Marschsäulen nach Westen marschierten, die belgische Grenzfestung Lüttich nahmen und den großen Sichelschnitt gegen Paris, wie im Schlieffen-Plan vorgesehen, führen sollten. Die deutsche Strategie, die das neutrale Belgien überrollte – »ein Fetzen Papier«, wie der Reichskanzler den auch von Preußen 1830 unterzeichneten Neutralitäts-Vertrag kommentierte –, brachte die britische Expeditionsstreitmacht in den Krieg.

Dies aber war im Schlieffen-Plan nicht vorgesehen, und ebenso wenig, dass Lüttich statt nach zwei erst nach zehn Tagen erobert wurde, dass die Belgier ihre Bahnen lähmten oder dass die deutschen Reservisten in frischen Stiefeln zu marschieren hatten und die Marschleistung zurückblieb. Den Deutschen fehlten acht Divisionen gegenüber den Planzahlen Schlieffens. Die marschierenden Kolonnen kamen einander in die Quere, unerfahrene Kommandeure machten schwere Fehler, die Aufklärung versagte, der Offensive fehlte es an Tiefe. Die französischen Divisionen des ersten Treffens waren angeschlagen, aber nicht vernichtet. Als die ersten berittenen deutschen Patrouillen die Marne erreichten, brachten Taxis die letzten Reservisten aus Paris an die Front. Was die Franzosen seitdem feiern als »le miracle de la Marne«, war den Deutschen das Debakel ihrer Großen Strategie. Die Initiative war auf immer verloren, die Verteidigung triumphierte fortan über den Angriff, Artillerie und Maschinengewehr zwangen Angreifer und Verteidiger in die Gräben. Der Feind, das war bald nicht nur der andere, jenseits vom Niemandsland, es waren auch Regen, Schlamm, Ungeziefer, Dunkelheit, Einsamkeit und Verzweiflung.

»Im Westen nichts Neues«, so hieß das Buch, das in den zwanziger Jahren zum Bestseller aufstieg und 1933 sofort verboten wurde, Erich Maria Remarques Beschreibung des Lebens und Überlebens im Schützengraben an der Westfront. Am Ende wird der Held durch einen Scharfschützen aus dem gegenüberliegenden Graben an einem ansonsten ereignislosen Tag erschossen. Daher der Titel, entlehnt dem amtlichen Kriegsbericht: »Im Westen nichts Neues.« Am anderen Ende des literarischen Spektrums befand sich Ernst Jüngers »In Stahlgewittern«, die Erinnerungen eines jungen Infanterieoffiziers, der dem Chaos Sinn abgewinnen wollte und das Heldentum noch im blutigen Schlamm zu finden hoffte. Von Ypres bis zum Chemin des Dames, von Verdun bis zu den Vogesen lagen einander zwei bizarre, tiefgestaffelte Grabensysteme gegenüber, die gegnerischen Soldaten befanden sich oft in Hörweite voneinander, der Abstand zwischen den Gräben betrug oft kaum mehr als die Wurfweite einer Handgranate, während Scharfschützen jeder unvorsichtigen Bewegung ein bitteres Ende bereiteten.

Im Westen war die deutsche Grand Strategy verloren gegangen, da sie den schnellen Sieg verfehlt hatte. Im Osten jedoch leistete die hinhaltende Verteidigung mehr als erwartet. Die russischen Armeen gerieten, da sie die Festung Posen nördlich umgehen mussten, in die Sümpfe und Seen des südlichen Ostpreußen. Dort trafen sie auf deutsche Reserveeinheiten, deren Männer nicht nur für Hof und Familie kämpften, sondern auch das Gelände in allen Einzelheiten kannten und zu nutzen wussten. Die Deutschen ließen die zahlenmäßig weit überlegenen, in

Technik und Aufklärung jedoch unterlegenen Russen kommen, die Kosaken in die Sümpfe reiten und die Artillerie in diese versinken und schlossen die Reste ein – bis zur Kapitulation. Hunderttausende von Russen wurden zu Kriegsgefangenen gemacht, und der Oberkommandierende von Hindenburg und sein Generalstabschef Ludendorff wurden nach »Tannenberg«, wie die lange Schlachtenfolge beziehungsreich genannt wurde, zu Nationalhelden. Im Süden dagegen hatten die Russen Durchbruchserfolge in Galizien. Die Schlacht von Groddeck verschlang Zehntausende auf beiden Seiten. Nach einigen Monaten Bewegungskrieg indes stieg auch im Osten der Krieg in die Gräben. Die österreichische Front musste durch deutsche Verstärkungen stabilisiert werden. Die Grauen erregenden Verluste im Osten, der zerstörerische Druck des Krieges auf ein multinationales Bündelreich und die Tatsache, dass Deutsche und Österreicher dauerhaft außer Stande waren, die Strategie zu koordinieren, ließen in Wien Zweifel aufsteigen und in Berlin Misstrauen.

Weder die Mittelmächte noch die Entente-Mächte versuchten, den Krieg einzudämmen oder gar Friedensfühler auszustrecken. Jede Anstrengung wurde unternommen, das Spektrum der eingesetzten und noch einzusetzenden Waffen zu erweitern und den Gegner zu übertrumpfen. Artillerie schoss Feuerzusammenfassungen wie nie zuvor, Maschinengewehre zerfetzten die Angreifer, wenn sie aus den Gräben zum Sturmangriff stiegen. Graben-Mörser, Flammenwerfer, Giftgas und am Ende die von ihren britischen Erfindern »Tanks« genannten Panzer, Feuer speiende Ungetüme, die die Gräben überrollen konnten – alles wurde eingesetzt. Flugzeuge, anfangs nur der Beobachtung dienend und dem Abschießen von Fesselballons der Artillerie, stürzten sich bald in Luftkämpfe und wurden auch

schon für Bombenabwürfe eingesetzt. Die deutsche Schlachtflotte, das fatale Riesenspielzeug des Kaisers, dümpelte in Kiel
und Wilhelmshaven vor sich hin, nachdem die wenigen bei
Kriegsbeginn noch außerhalb der britischen Blockadelinie
operierenden Kreuzer und Schlachtschiffe gejagt und versenkt
worden waren. Die Skagerrakschlacht war nicht entscheidend.
Die U-Boote allerdings wurden dem Nachschub der Entente
im Atlantik und im Mittelmeer gefährlich, bis Lloyd George die
britische Admiralität zwang, das Konvoisystem mit Zerstörer-
schutz einzuführen.

Die britische Seeblockade, draußen im Atlantik und außer
Reichweite der deutschen Kreuzer – kohlegefeuert und daher reduziert in Geschwindigkeit und Reichweite –, schnitt alle Zufuh-
ren nach Deutschland ab. Die deutschen U-Boote hörten bald
auf, feindliche und neutrale Schiffe zu unterscheiden. 1915 ver-
senkte ein deutsches U-Boot die »Lusitania« auf der Route von
Liverpool nach New York, mit Hunderten von Amerikanern an
Bord. Der amerikanische Kriegseintritt rückte näher. Die deutsche Seekriegsleitung, tief frustriert vom Versagen ihrer Strategie, gab den unbeschränkten U-Boot-Krieg frei – das hieß, Tor-
pedos auf alles zu feuern, was sich bewegte –, wohl wissend, dass
Washington mit der Kriegserklärung antworten würde. Die Admirale versicherten, kein Truppentransporter werde französische Häfen erreichen: in Wahrheit wurde kein einziger versenkt.
Seit dem Sommer 1917 kamen die frischen amerikanischen
Truppen an die Front, an Material und Ausstattung den Deutschen weit überlegen.

Munition und Geschütze wurden noch immer von Pferden
bewegt. Aber die Kavallerie spielte auf dem Gefechtsfeld, außer
in Osteuropa, keine Rolle mehr, allenfalls noch in der Aufklärung. Junge Kavallerieoffiziere wie der »rote Baron«, der le-

gendäre Bernhard Freiherr von Richthofen, meldeten sich zur Fliegertruppe. Diese wurde anfangs eingesetzt, um Aufklärung zu fliegen, die Fesselballons gegnerischer Artilleriebeobachter abzuschießen und die eine oder andere Bombe von Hand auf Stellungen am Boden zu werfen. Dann aber folgten die ersten Luftkämpfe Pilot gegen Pilot, Maschine gegen Maschine. Doch es gelang niemals, Luftmacht und Bodenoperationen zu integrieren.

Wenige Monate nach Kriegsbeginn ging der deutschen Munitionsfabrikation der Salpeter aus, der bis dahin aus südamerikanischen Guano-Importen gewonnen wurde und für die Herstellung von Explosivstoffen unentbehrlich war. Ohne die Erfindung des Haber-Bosch-Verfahrens für die Gewinnung von Stickstoff aus der Luft und die sofortige industrielle Umsetzung hätte die Granatenproduktion irgendwann anno 1915 enden müssen. Die Entente war in ähnlicher Verfassung: 1915 gab es Zeiten, da die britische Artillerie nicht mehr als zehn Granaten pro Rohr verschießen durfte, weil der Nachschub aus den Fabriken stockte. Walther Rathenau, vordem schärfster Kritiker der deutschen Strategie, wurde zum deutschen Rüstungszar.

Unter dem Diktat des Krieges, während in Frankreich und in Großbritannien große Kriegskoalitionen Parlament und Regierung bestimmten, wurde Deutschland von einer kaum verschleierten Militärdiktatur regiert. Die konstitutionelle Monarchie war nur noch Schein, der Kaiser in seinen Funktionen reduziert auf Ordensverleihungen, markige Reden und die Rolle des Staatsnotars. Der Reichstag kam nur noch zusammen, um Kriegskredite zu bewilligen, die aus formalen Gründen noch immer der Gesetzesform bedurften und eine Papiergeldflut in die Rüstung leiteten. Diese Anleihen, praktisch die einzige Geldanlage während des Krieges, würden zurückgezahlt werden, wenn und sofern das Deutsche Reich der Sieger war: wenn nicht, dann nicht.

Die Westmächte erhöhten die Steuern, verließen sich aber ebenfalls auf Anleihen, Letztere zum großen Teil in den USA platziert. Damit waren auch sie in der Schuldenfalle. Es gab viele Gründe, warum der Krieg sich so lange hinschleppte. Nicht der geringste war der Modus der Kriegsfinanzierung beider Seiten. Der Große Krieg erwies sich nicht nur als ein ungeheurer Menschenfresser. Er verzehrte auch Kapital, ruinierte das bürgerliche Leben, gab den Militärs mehr Macht denn je zuvor, verdummte den öffentlichen Diskurs, inflationierte die Währung – alles Gold war Anfang August 1914 eingesammelt und patriotisch abgegeben worden –, vergrößerte die Staatsschulden jenseits aller Möglichkeit, sie jemals zu bedienen, vernichtete alle Patente und Eigentumsrechte im Feindesland, zerstörte den Mittelstand und bewirkte eine allumfassende Zwangswirtschaft in den kriegführenden Staaten.

In Deutschland wurde über Politik lange Zeit nicht mehr gesprochen. Stattdessen wurde der »Burgfrieden« erklärt. Den Rest besorgten Zensur und Selbstzensur. Die Diplomatie war am Ende. Permanentes Verhandeln, parallel zu den militärischen Aktionen, wie in den napoleonischen Kriegen, gab es nicht. Die totale Mobilisierung ließ auch die Geister nicht aus. Ein Kampf der Kulturen brach aus. 400 deutsche Universitätsprofessoren wollten ihren Kriegsbeitrag leisten, indem sie eine leidenschaftliche Absage an die Westmächte unterschrieben. Sie war damit begründet, dass der Westen die russische Barbarei unterstütze und nichts Höheres kenne als das Geld: dunklen Idealismus gegen westlichen Materialismus. Deutschland sah sich in einem Verteidigungskrieg und musste nunmehr die eigenen Interessen in Europa ohne Rücksicht auf andere durchsetzen. Kriegsziele wurden seit dem September 1914 heimlich erträumt oder offen gefordert. Diese Machtträumereien hatten den Krieg nicht herbeigeführt. Eher war es so, dass der Krieg einen Sinn brauchte, der der Julikrise 1914 fehlte. Die Mächte fanden ihn in beidem: In der Sinngebung als Krieg, um alle Kriege zu beenden, und in der Eroberung entsprechender Positionen.

Zu den deutschen Kriegszielen zählte sehr bald die Beherrschung, direkt und indirekt, großer Teile des östlichen Mitteleuropa, um niemals wieder russischem Angriff oder dem Hunger ausgesetzt zu sein. Im Westen ging es um den Hafen von Antwerpen, der in der Vorkriegszeit schon weitgehend durch deutsche Kapitalinteressen kontrolliert worden war, und die Eisenerzlager von Longwy-Briey, die der Rohstoff-Autarkie dienen sollten, im Übrigen aber als denkbar unwirtschaftlich galten. Die westlichen Alliierten waren nicht weniger gierig in ihren Kriegszielen. Frankreich wollte, was seit der Revolution als natürliche Grenze galt, das Rheinland und dazu die Ruhr. Die Nationen der Donaumonarchie wurden als potenzielle Verbündete gesehen, woraus folgte, dass Österreich-Ungarn zu zerstören war. Russland suchte nicht nur das Erbe der Donaumonarchie zwischen Dnjepr und Donau und das Erbe Deutschlands an der Ostsee, sondern auch weit ausgedehnten Einfluss auf dem Balkan, vor allem aber die Dardanellen, auf die schon Peter der Große den Erobererblick geheftet hatte.

Für Autarkie und weite Einflusszonen der Krieg, um alle Kriege zu beenden, den Gegner zu schwächen oder zu zerschmettern: damit ließ sich der Krieg nicht auf halbem Wege beenden. Schon ließ die Kriegsfinanzierung außer Endsieg beiden Seiten keine Chance zum Ausgleich. Vollends aber enthielten die Kriegsziele die Garantie, dass es zwischen Katastrophe und Triumph keine Mitte geben konnte. Der Krieg musste bis zur völligen Erschöpfung einer Seite durchgehalten werden. Statt abseits der Fronten zu verhandeln, wie das früher Brauch gewesen war, sandten beide Seiten ihre Diplomaten und Bankiers in die Welt, um die Verbündeten zu überreden – meist mit dem Versprechen ungeheurer Belohnungen, die allerdings erst noch dem Feind abzunehmen waren.

Den ersten Erfolg verzeichneten die Mittelmächte, als das Osmanische Reich im November 1914 auf ihrer Seite in den Krieg eintrat. Zuvor hatten die Russen ihre Vorerbschaftsfreude so laut bekundet, dass in Istanbul alle alten Ängste und Instinkte wieder wachgerufen wurden. Ohne deutsche Beratung und massive logistische Unterstützung wäre die türkische Kriegsanstrengung indes zusammengebrochen, noch bevor sie begonnen hatte. Stattdessen sorgten die Deutschen im türkischen Generalstab dafür, dass die Durchfahrt durch die Dardanellen – schwächster Punkt im wichtigsten Teil der türkischen Besitzungen – versperrt blieb, indem sie die Uferbefestigungen, namentlich die der Halbinsel Gallipoli, in Stand setzten. Zur selben Zeit zog eine Abteilung unter Major Kreß von Kressenstein gegen den Suezkanal, verfehlte allerdings den beabsichtigten Überraschungscoup. Stattdessen setzte die britische Admiralität zu einem Flottenvorstoß auf die Dardanellen an. Als dieser in den Minengürteln scheiterte, folgte die Landung auf den Stränden von Gallipoli. Zusammen mit Briten und Franzosen verbluteten im Jahr 1915 mehrere Divisionen des ANZAC (Australia New Zealand Army Corps): das Empire erlitt seinen schwersten Stoß. Churchill, der Kopf hinter dieser brillant gewagten und elend ausgeführten Strategie, musste erst einmal als Erster Lord der Admiralität zurücktreten und in »Flanders' Fields« kämpfen, bevor es ihm erlaubt war, als Rüstungsminister ins Kabinett zurückzukehren.

Die Entente, die in Gallipoli verlor, gewann in Rom und Tokio – die japanische Regierung ließ sich überzeugen, dass die deutschen Besitzungen in Fernost eine Kriegserklärung an das Reich wert waren. Wichtiger aber, weil dem zentralen Kriegsschauplatz näher, war Italien. Italien war militärisch ohnehin außer Stande, gegen die Seemächte zu kämpfen. Zudem versprachen Paris und London mehr Inseln, als das Mittelmeer hatte, dazu das südliche Tirol, von Trient bis zum Brennerpass. Darüber hinaus gab es Handsalben in Rom und keine lästigen Fragen.

Nach drei Kriegswintern bestand, aufs Ganze gesehen, eine Art strategisches Patt: keine Seite konnte die andere vernichten. Die russische Revolution des Februar 1917 brachte eine neue Elite in Moskau und St. Petersburg an die Macht, die allerdings den fatalen Fehler beging, den Krieg, obwohl längst aussichtslos geworden, fortzusetzen. Die deutsche Oberste Heeresleitung unter Hindenburg und Ludendorff reagierte, indem sie den Krieg nunmehr in eine neue Dimension schleuderte, die der politischen und sozialen Revolution. Durch Mittelsmänner wurde vereinbart, dass Lenin und seinen Gefolgsleuten aus Zürich, wo sie bisher mit Schadenfreude dem Selbstmord des Kapitalismus aus der neutralen Loge zugeschaut hatten, im plombierten Zug durch Deutschland – mit Barem wohl ausgestattet – die sichere Passage bis Finnland gewährt wurde. Ihre Aufgabe sollte es sein, die provisorische Regierung zu beseitigen und den Krieg abzubrechen. Wenig begriffen die deutschen Generale, dass dies ein Teufelspakt war und dass nach der Revolutionierung Russlands der deutsche Arbeiteraufstand auf dem Plan der Bolschewiki stand.

Lenins Coup in St. Petersburg gegen die neugewählte Duma war der Anfang vom Ende der russischen Kriegsbeteiligung. Die russischen Truppen zerfielen, nicht zuletzt durch die verlockenden Versprechungen der Putschisten. In Russland herrschte Bürgerkrieg, die deutschen Truppen rückten weiter vor ins Unverteidigte, und eine Zeit lang gab es in Berlin die Illusion, dies sei die entscheidende Wendung des Krieges. Tatsächlich wurde in Brest-Litowsk verhandelt, genau genommen von der deutschen Generalität diktiert, und gegen Trotzkis zweifelnden Protest ordnete Lenin an, zu unterschreiben. Er war sicher, dass der russischen Revolution die deutsche folgen würde und dass in Brest-Litowsk nichts stattfand als ein bedeutungsloses Zwischenspiel. Zwischen dem triumphierenden Deutschen Reich und dem sich zerfleischenden Russland entstand auf dem Papier des Vertrages vom 18. März 1918 ein ausgedehntes Schachbrett schwacher Staaten, auf dem die Deutschen wie die Meister aussahen. Mehr als eine Million Soldaten wurden alsbald aus dem Osten an die Westfront geworfen, um dort dem Stellungskrieg doch noch den Sieg zu entreißen.

Die Lage schien den Deutschen günstig. Noch hatte die amerikanische Interventionsstreitmacht sich nicht entfalten können. Indes unterschätzten die Wilhelmstraße wie die oberste Heeresleitung deren Gewicht und Kampfkraft. Noch glaubte man in Berlin an die großsprecherischen Phrasen der Admiralität, die Amerikaner würden ins Wasser geworfen. Der Generalstab dachte daher, es gebe eine letzte Chance, durch eine gewaltige Kräftezusammenfassung und neue Offensiven den Krieg wieder in Bewegung zu bringen und den Sieg zu sichern. Statt den Sieg im Osten für ein realistisches Friedensangebot an den Westen zu nutzen, machten die deutschen Militärs weiter und wurden Opfer ihrer Kriegsziele, ihrer Kriegsfinanzierung und ihrer Kriegspropaganda.

Aber der Krieg des Jahres 1918 war nicht mehr der von 1914. Ebenso wirksam wie die frischen amerikanischen Truppen, gut ausgerüstet und gut ausgebildet, waren die Botschaften des Nationalismus und des Sozialismus, mit denen die russischen

Revolutionäre den abgekämpften Armeen der Mittelmächte zu-
setzten. Mehr noch, US-Präsident Woodrow Wilson, Politik-
wissenschaftler und Professor an der elitären Privat-Universität
in Princeton, wusste, dass nur ein Kreuzzug des Guten gegen das
Böse und dazu eine Weltvision es rechtfertigen konnten, amerikanische Soldaten zum ersten Mal in der Geschichte auszusen-
den, um auf Europas Schlachtfeldern zu sterben. Das war die Ge-
burtsstunde der »Vierzehn Punkte«, die, als feierliche Botschaft
an beide Häuser des Kongresses, der Welt mitgeteilt wurden: »to
make the world safe for democracy«. Sie waren auch eine Gegen-
botschaft zu Lenins »Friede den Hütten, Krieg den Palästen«. So
stand an der Jahreswende 1917/18 die Vision des Weltfriedens
durch Weltdemokratie gegen die Vision des Weltfriedens durch
Weltrevolution. Endlich aber enthielt Wilsons Botschaft auch
eine Bestandsgarantie für den deutschen Nationalstaat und
wurde dadurch zum Ferment des Zerfalls der deutschen Kriegsanstrengung.

Allein den alten Bündelreichen der Osmanen und der Habsburger kündigte Wilson ihr Ende an. Deren einzelne nationale
Bestandteile würden als neue Staaten aus dem Krieg hervorge-
hen, entsprechend dem Prinzip nationaler Selbstbestimmung.
Dass damit die Büchse der Pandora geöffnet wurde und die
Zukunft der künftigen Staaten in Ost- und Südosteuropa Min-
derheiten, Grenzkonflikte, Kriege und Bürgerkriege enthielt –
als es um den Endsieg gegen die alten Reiche ging, war alles das
cura posterior. Ohne dass die Deutschen oder die Entente-
Mächte es bemerkten, hatten Lenins Kriegsruf und Wilsons
Friedensbotschaft die Natur des Krieges von Grund auf verändert. Der Große Krieg Europas war zum Weltkrieg geworden,
der Krieg der Nationen zum Krieg der neuen Religionen.

Der Alltag in Deutschland hatte sich in vier Jahren bis zur

Unkenntlichkeit verändert. Niemand konnte sich an so viel Kälte, Hunger und Elend erinnern. Die große Grippeepidemie des Jahres 1918 raffte Hunderttausende dahin, geschwächt von Jahren der Entbehrung, Unterernährung und Überanstrengung. Die Preise waren durch Anordnung von oben eingefroren. Löhne und Einkommen waren nur auf dem Papier gewachsen. Die Währung hatte etwa zwei Drittel an Wert verloren, und für den Rest gab es kaum etwas zu kaufen. Der Hunger trieb die Menschen aufs Land zum »Hamstern«, Rückfall in primitive Tauschwirtschaft. Jeder hortete, trotz aller Verbote, was immer er konnte. Sämtliche Rohstoffe und alle landwirtschaftlichen Erzeugnisse wurden streng rationiert.

Die Staatsschuld nahm bedrohliche Maße an. Die Mittelschicht hatte ihr Einkommen in Kriegsanleihen verwandelt, für deren Einlösung es, wenn der Sieg ausblieb, nicht die geringste Chance gab. Kam die Niederlage, war der soziale Absturz unausweichlich. Ausbeutung und Elend ließen unter der Decke des Belagerungszustands die Lava der Unzufriedenheit brodeln, die gelegentlich sichtbar wurde in spontanen Protesten oder in den schnell um sich greifenden Januarstreiks des Jahres 1918. Zeitweilig legten sie die deutsche Rüstungsproduktion lahm und zeigten die Hand von Akteuren, die nicht mehr den Gewerkschaften und den Sozialdemokraten folgten. Es waren die »revolutionären Obleute«, die sich später beim Spartakusbund und den Kommunisten fanden. In Stadt und Land wurden die alten Klassenstrukturen zerrieben; Frauen wurden dienstverpflichtet, um die Arbeit der Männer zu tun. Von Emanzipation war dabei allenfalls mit grimmiger Ironie die Rede. Die Maßstäbe von Recht und Unrecht gingen verloren. Der Staat forderte Gut und Blut in einem Ausmaß, das kein Tyrann der Vergangenheit sich hätte träumen lassen.

In den Anfangstagen des Krieges war der »Burgfrieden« beschlossen worden, Harmonie an der Heimatfront. Der Kaiser hatte die Stimmung getroffen, als er erklärte: »Ich kenne keine Parteien mehr, ich kenne nur noch Deutsche.« Die amtliche Zensur über alle Nachrichten und die Selbstzensur des Reichstags erzeugten eine bleierne Atmosphäre. Krieg und Sieg sollten den Ruf nach politischen Reformen ersticken, der dem Aufbruch der Nation hätte folgen müssen. Im Frühjahr 1916, als die Militärs Wirtschaft und Gesellschaft vollends in den Griff nahmen durch das »Vaterländische Hilfsdienstgesetz«, gab es einen Handel zwischen Heeresleitung und Gewerkschaften. Fortan konnten die stellvertretenden Generalkommandos jedermann, ob Mann oder Frau, in die Wehrwirtschaft dienstverpflichten. Die Leitung der Unternehmen wurde militärischer Kontrolle unterworfen. Dafür wurde den Gewerkschaften erhebliche Mitsprache in den Unternehmen zuteil. Betriebsräte wurden ins Leben gerufen, nicht als Anzahlung auf Wirtschaftsdemokratie, sondern als Element der Kontrolle. Sie hatten Einfluss auf die Unternehmensführung und waren zu konsultieren, wenn es um die Arbeitsbedingungen ging.

Nach der ersten russischen Revolution im Februar 1917 riet das Reichskanzleramt dem Kaiser zu einer »Osterbotschaft«. Politische Reformen sollten kommen, unter anderem die Revision des preußischen Dreiklassenwahlrechts, das seit 1849 das Stimmgewicht an die Steuerzahlung band und damit die Reichen privilegierte. Es war die deutsche Version von »a land fit for heroes«, zur selben Zeit – war erst der Feind überwunden – den Briten in Aussicht gestellt.

Im Juli 1917, wenige Monate nach der russischen Revolution und der amerikanischen Kriegserklärung, debattierte das deutsche Parlament zum ersten Mal die Politik des Krieges. Der Zentrumsabgeordnete Matthias Erzberger, bis dahin als Vertrauter der Obersten Heeresleitung geltend, berichtete im Ausschuss schonungslos über die Lage an den Fronten, die Zweifel in Wien, das Wagnis des unbeschränkten U-Boot-Krieges und die Bedeutung der amerikanischen Intervention. Die Bewilligung neuer Kriegskredite wurde erstmals mit Bedingungen verknüpft: Die Regierung sollte sich die Friedensresolution zu Eigen machen, die der Reichstag beschloss. Wichtig war nicht so sehr deren Text – »Frieden ohne Annexionen und Kontributionen« –, sondern die Tatsache, dass eine Mitte-Links-Mehrheit unter Einschluss der Sozialdemokraten dahinter stand: in der Tat ein interfraktioneller Ausdruck der Parteien des späteren Weimarer Verfassungsbogens. Reichskanzler Bethmann Hollweg stürzte, weil er längst den regierenden Militärs missliebig geworden war, nicht weil er der Parlamentsmehrheit in die Quere kam. Entscheidend war, dass es den Parlamentariern misslang, sei es aus Eifersucht aufeinander, sei es aus Mangel an geeignetem Personal, einen der Ihren zum Kanzler zu machen: Halbheiten in der Außenpolitik, Halbheiten in der Innenpolitik. Die Oberste Heeresleitung installierte stattdessen einen Getreuen.

Es war die westliche Front, nicht die Heimatfront, die zuerst zusammenbrach. Zunächst hatte sich alles angelassen, als sei noch einmal August 1914. Die deutsche Offensive zerriss die Front der Entente und drang noch einmal weit vor, an die 60 Kilometer, bis zur Marne. Aber die Truppen waren ausgemergelt und hungrig, der Nachschub fehlte, der Durchbruch blieb ungenutzt. Der alliierte Oberkommandierende Marschall Joffre konnte fast aus dem Stand die Gegenoffensive beginnen lassen, der die Deutschen nichts Entscheidendes mehr entgegenzusetzen hatten. Bei Villiers-Cotterets versetzten Panzer die deutsche Infanterie in Panik, da Abwehrwaffen fehlten. Die Alliierten hatten an die 800 Panzer, die Deutschen gerade 20. Die Amerikaner wurden in Massen eingesetzt. Anfang August begannen sich ganze Divisionen aufzulösen. Ende September 1918 schließlich waren die meisten der deutschen Divisionen, obwohl noch tief in Frankreich und Belgien, nicht mehr kampffähig. Ersatz gab es nicht. Stattdessen düstere Nachrichten von den österreichischen Fronten, wo die Truppen auseinander liefen. Am 30. September erbat Bulgarien den Waffenstillstand, einen Monat später die Türkei, am 3. November Österreich-Ungarn. Da war längst auch das deutsche Endspiel in Gang – und weitgehend schon verloren.

Am 21. März 1918 hatte die große deutsche Endoffensive begonnen. Die letzte Welle scheiterte am 17. Juli mit schweren Verlusten. Am 18. Juli begann die alliierte Gegenoffensive, die ständig den Schwerpunkt wechselte und bis zum Waffenstillstand unerbittlich weiterging. Am 14. August erklärten Hindenburg und Ludendorff im Hauptquartier im belgischen Spa, die Fortführung des Krieges sei aussichtslos. Am 29. September verlangten sie, eine neue Regierung solle vom Parlament gebildet werden und sofort um Waffenstillstand bitten – obwohl ein Waffenstillstand in der Regel Sache der Militärs war und ist. Aber die Generalität wollte sich freizeichnen.

Die Bildung der Regierung durch den Reichstag aber verlief schleppend. Statt einen der Ihren zum Kanzler zu machen, was ein Zeichen gesetzt hätte, baten die Mehrheitsparteien Prinz Max von Baden, einen liberal gesonnenen, aber in der Politik unerfahrenen und dazu noch kränkelnden Aristokraten, das Kanzleramt zu übernehmen. Die Lage war noch nicht Zusammenbruch zu nennen und damit nicht gänzlich aussichtslos. Eine kraftvolle und sichtbare Reform im Innern, die tatsächlich stattfand und binnen weniger Tage die konstitutionelle Monarchie

nach Westminster-Modell einführte, zusammen mit einem cou-
ragierten Friedensangebot nach außen bei gleichzeitigem Halten
der Front: das hätte auch die Alliierten zum Nachdenken gebracht, zumal in Russland der Bürgerkrieg tobte und Lenins
Hoffnung, die deutsche Revolution, ein westlicher Albtraum
sein musste. Für wenige Tage und Wochen hing die Chance, wieder zu einem europäischen Gleichgewicht zu kommen, mehr an
dem Durchhaltevermögen der deutschen Armeen als an der
Weisheit der westlichen Staatsmänner.

Aber es wurde zögerlich geplant und zögerlich verhandelt.
Entscheidend waren, wie vor 1914, die Flotte und die Blindheit
der Admirale. Sie wollten die »schimmernde Wehr«, die den
Krieg in den Häfen verbracht hatte, zu einem heroischen letzten
Gefecht gegen die Briten auslaufen lassen. Die Mannschaften
indes zeigten keine Neigung, sich für den Stolz der Admiralität
opfern zu lassen. So traten sie in Streik und begannen zu meu-
tern. Die militärische Disziplin hielt nicht mehr. Arbeiter- und
Soldatenräte wurden gebildet. Den Offizieren wurden die Ach-
selstücke abgerissen. Die Prediger der Revolution nahmen die
Eisenbahn und verbreiteten die Botschaft, der Krieg sei Vergangenheit, Revolution die Zukunft.

Danach gab es für die deutschen Unterhändler nichts mehr
zu verhandeln. Am 9. November desertierte der Kaiser ins nie-
derländische Exil. Die Generale hatten ihm empfohlen, den Hel-
dentod zu suchen, um die Monarchie zu retten. Wilhelm II. zog
die Fahrt ins niederländische Exil vor und verlangte, als er an die
Grenze kam, erst einmal eine gute Tasse englischen Tees. Das
Desaster, das er zurückließ, würdigte er keines Blickes mehr.
Seine Exil-Memoiren und die Verheerungen, die er unter den
Bäumen von Haus Doorn anrichtete, erwiesen ihn als Kaiser der
Banalität.

Als die übrigen deutschen Fürsten abdankten, hatte das kaum noch Bedeutung. In Berlin übergab Prinz Max von Baden dem sozialdemokratischen Parteiführer Friedrich Ebert die Regierungsgeschäfte mit den Worten, es ruhe nun das Schicksal des Reiches in seinen Händen. Worauf Ebert antwortete, er habe für Deutschland zwei Söhne verloren. Wie viel reale Macht aber noch mit dem Kanzleramt verbunden war, hätte niemand zu sagen gewusst. Der Kommunist Karl Liebknecht rief vom Stadtschloss aus die sozialistische Republik aus, der Sozialdemokrat Philipp Scheidemann antwortete im Reichstag, indem er die Morgenröte der parlamentarischen Demokratie ankündigte. Es waren symbolische Akte, die schon den Bürgerkrieg ankündigten. Der bedachtsame Ebert hätte es deshalb vorgezogen, die Form der Monarchie zu bewahren. Aber es waren nicht die Zeiten vorausschauender Staatsklugheit. Am 11. November trat im Westen der Waffenstillstand ein. Nach dem Krieg war auch das Endspiel verloren: zu wenig, zu spät.

XI. NACHSPIEL UND VORSPIEL

Was von Kiel bis München geschah, war mehr ein Zusammenbruch als eine Revolution. Vieles an der wüsten Szenerie sah aus wie Revolution, und es fehlte nicht an roten Fahnen und der Rhetorik des Umsturzes. Überall entstanden Arbeiter- und Soldatenräte. Aber was sie wollten, war zumeist so Nüchtern-Vernünftiges wie Arbeit und Brot, Heimführung der Truppen, Umstellung auf Friedensproduktion. Es gab keine Rache für vier Jahre des Leidens, keine Massenhinrichtungen, keine Revolutionstribunale. Es gab stattdessen eine große Müdigkeit, Ratlosigkeit, ein alles umfassendes Gefühl der Sinnlosigkeit in einer Nation, deren Götter gestürzt und deren Ideale zerbrochen waren, deren Selbstrespekt in Blut, Niederlage und Verarmung erstickt war. Was die Kommunisten lauthals anboten, war eine deutsche Variante des leninistischen Schreckens. Sie aber ließ nicht nur das Bürgertum erzittern, sondern auch Gewerkschaften und Sozialdemokraten. Sie taten hinfort alles, um dem mörderischen Wohlfahrtsausschuss, mit dem die Kommunisten drohten, die parlamentarische Republik entgegenzustellen. Das ging nicht ab ohne ein Bündnis zwischen Berlin und Kassel, zwischen der Regierung der »Volksbeauftragten« unter Eberts fester Hand und der Heeresleitung, die sich in das weitläufige Residenzschloss der früheren Kurfürsten auf der Wilhelmshöhe über Kassel zurückgezogen hatte.

Der Generalstab tat nunmehr alles, den Rückzug der Truppen aus Russland, der Ukraine, den baltischen Republiken, Polen, Norditalien, Ungarn, Frankreich und Belgien zu organisieren, wo immer sie bis zum Waffenstillstand gestanden hatten. Die Reichsregierung in Berlin hatte außer über die Berliner Ämter weitgehend die Kontrolle verloren. Im Westen marschierten britische, französische und belgische Truppen ein, in Aachen und Köln willkommen geheißen von einem Bürgertum, das die fremde Besatzung der eigenen Revolution allemal vorzog.

Ebert, gestützt auf letzte loyale Truppen, nutzte die Macht über die Berliner Ämter, um den Rat der Volksbeauftragten einzurichten, der revolutionärer klang, als er in Wahrheit war. Die sechs Volksbeauftragten waren Sozialdemokraten beider Observanz, der Rechten und der Linken. Binnen zwei Monaten sollten die Wahlen zur Nationalversammlung abgehalten werden, deren Hauptaufgabe Beratung und Beschlussfassung über die Verfassung der künftigen Republik sein sollte. Bis dahin hatte das Land eine Übergangsregierung. Die Heeresleitung in Kassel, nunmehr vom früheren Chef des Eisenbahngeneralstabs General Groener geführt, einem Württemberger, brauchte demokratische Autorität; der Rat der Volksbeauftragten in Berlin aber brauchte reale Macht angesichts des Bürgerkrieges, den die Spartakusgruppe nach Lenin-Vorbild vorbereitete. Aus dieser Gruppe entstand an der Jahreswende die Kommunistische Partei. Sie stützte sich auf revolutionäre Truppen, auf die radikale Opposition gegen das Establishment der Gewerkschaften, Unterstützung aus Sowjetrussland und die allgemeine Misere des Landes.

Es waren vier Faktoren, die den Übergang von Kaiserreich und Militärdiktatur zur Republik ermöglichten und die kommunistische Machtübernahme verhinderten. Zuerst kam der Umstand, dass die Führer der Gewerkschaften, allen Räteexperimenten abgeneigt, Ebert und sein Bündnis mit dem Militär unterstützten. Zum Zweiten bauten Unternehmer und Gewerkschaften auf ihr Bündnis aus den Kriegsjahren seit 1916, gründeten die »Zentralarbeitsgemeinschaft« und taten gemeinsam alles, um die Revolution in eine Bewegung für mehr Lohn und bessere Arbeitsbedingungen zu überführen. Der Achtstundentag, Betriebsräte und Mindestlohn gehörten dazu, Letzterer wurde indes wegen der Inflation bald bedeutungslos. Zum Dritten einigten sich die Volksbeauftragten und die Generalität in Kassel auf ein *Quid pro quo*: die militärische Autorität wurde bestätigt, die Politiker wurden verteidigt. Es verstand sich, dass eine Enteignung der Großindustrie oder der Großlandwirtschaft nicht in die neue Machtgleichung passte, während die unmittelbaren Anliegen der Arbeiter Erfüllung fanden. Endlich und vor allem: die Alliierten lehnten es ab, mit einer anderen Autorität als der durch die Achse Berlin-Kassel bestimmten zu reden. Die Sieger brauchten eine deutsche Instanz, um den Vertrag anzunehmen, der den Krieg beenden sollte.

So gab es ein Viereck der realen Macht zwischen den Volksbeauftragten in Berlin, den Militärs in Kassel, den Gewerkschaften und der Industrie. Innerhalb dieser Konstellation herrschte Übereinstimmung, die Soldaten nach Hause zu bringen, von der Kriegs- zur Friedensproduktion überzugehen, einen annehmbaren Frieden zu verhandeln und der Republik eine liberal-demokratische Verfassung zu geben. Während in Berlins Straßen gekämpft wurde, fanden am 19. Januar 1919 die Wahlen zur Nationalversammlung statt.

An diesem Tag geschah ein deutsches Mirakel. Die Mitte-Links-Parteien gewannen drei Viertel der Stimmen: Sozialdemokraten, Deutsche Demokratische Partei, die bisher als Fortschrittspartei firmiert hatte, und das Zentrum. Die alten Nationalliberalen tauchten als Deutsche Volkspartei wieder auf, geführt von Gustav Stresemann. Die Deutschkonservative Partei, unverändert die Interessenvertretung der großen Landwirte, nannte sich fortan Deutschnationale Volkspartei. Die Kommunisten hatten, wie ihre Vorgänger anno 1848, die Wahlen als bürgerliches Täuschungsmanöver abgelehnt. Die völkischen Schwärmer des Kaiserreiches, Erben der Vaterlandspartei aus dem Krieg, waren erst einmal verschwunden.

Angesichts der fortdauernden Straßenkämpfe in Berlin zwischen loyalen Truppen und Freikorps auf der einen und den kommunistischen Stoßtrupps auf der anderen Seite musste für die Nationalversammlung ein sicherer Platz gefunden werden. Er bot sich im thüringischen Weimar, bis vor drei Monaten noch Residenz des Großherzogs von Sachsen-Weimar-Eisenach. Weimar wurde nicht gewählt, um den Göttern der deutschen Klassik zu huldigen, sondern wegen seiner zentralen Lage und der Tatsache, dass es durch ein Bataillon loyaler Truppen des Freikorps Maercker zu schützen war. Außerdem gab es genug zu essen, und im Theater fand sich ein geeigneter Versammlungsraum.

Die Deutschen erwarteten von den in Weimar Versammelten ein neues, besseres Kapitel der Geschichte zu beginnen und erträgliche Friedensbedingungen zu gewinnen. Neun von zehn Wählern hatten nicht die geringste Neigung, es mit leninistischem Terror zu versuchen. Aber acht von zehn waren bereit, die Demokratie zu probieren – Staatsform des Westens. Die Verfassungsberatung in Weimar war aufs Engste verbunden mit den Verhandlungen der Sieger in Paris, zu denen die Deutschen nicht zugelassen waren. Während die Deutschen sich auf die westliche Demokratie einlassen wollten, lag ihr Schicksal doch, zuerst und vor allem, in der Hand der Sieger.

In den folgenden Monaten wurden die kommunistischen Bürgerkriegstruppen besiegt. Karl Liebknecht und Rosa Luxemburg, Gründer der KPD, wurden gefangen genommen und erschossen. Was blieb, war der Mythos von »Karl und Rosa«. Die Münchner Räterepublik begann mit dem Mord an Kurt Eisner und endete, nachdem ihre Parteigänger harmlose Kunstprofessoren als Geiseln erschossen hatten, mit blutiger Abrechnung und einem Trauma, das dem Aufstieg der Nationalsozialisten in München vorarbeitete. Die Schlussabrechnung wurde den Gerichten überlassen, die drakonische Urteile fällten, einschließlich Todesstrafe.

Die Männer und Frauen in Weimars Nationaltheater blickten auf eine kleinstädtische Idylle, aber lebten in einer Zeit des Schreckens. Sie wollten dem Chaos eine perfekte Verfassung entgegensetzen und das Beste der deutschen Tradition mit dem Besten aus den westlichen Traditionen verschmelzen. Die deutsche Vergangenheit bot eine leistungsfähige und unparteiische Bürokratie, Verwaltungsgerichte, demokratisches Wahlrecht, Selbstverwaltung und den Föderalismus der Einzelstaaten. Letzterer indes wurde nach wie vor erdrückt durch das Übergewicht Preußens. Die finanzielle Hilflosigkeit des Reiches seit Bismarck wurde durch direkte Einkommensteuern überwunden, Grundlage der Erzbergerschen Finanzreform von 1920. Die Gewerkschaften setzten durch, dass die Errungenschaften der Revolutionszeit ebenso bewahrt blieben wie vieles vom Staatssozialismus der Kriegsjahre. Die Mittelschichten suchten Eigentumsgarantien gegen alle sozialistischen Experimente. Die Sozialdemokraten wollten die Tür offen halten für mehr Sozialismus, wenn sich das Rad der Geschichte noch ein paar Mal zu ihren Gunsten gedreht und die Widersprüche des Kapitalismus ihr Werk getan hatten.

Die Wiederherstellung der Monarchie wurde nicht ernsthaft debattiert, weil selbst die zu Nationalisten gewordenen Konservativen es schwer gefunden hätten, unter den Hohenzollern einen akzeptablen Kandidaten zu finden. Stattdessen kamen die Linksliberalen, inspiriert durch den einflussreichen Soziologen

Max Weber und die amerikanische Verfassung, mit der Idee, einen »Ersatzkaiser« zu schaffen – wie der sozialliberale Pfarrer und linksliberale Abgeordnete Friedrich Naumann den künftigen Reichspräsidenten beschrieb. Dieser sollte Hüter der Verfassung gegen alle sozialistischen oder anderen Versuchungen sein. Direkt vom Volk gewählt, war er als Felsen gedacht, um alle Angriffe auf die Republik scheitern zu lassen. Dem Präsidenten wurden daher weit gefasste Befugnisse an die Hand gegeben: Oberbefehl über die Armee, Belagerungszustand, Ernennung der Regierung, Verabschiedung der Gesetze und Auflösung des Reichstags. Der Hüter der Verfassung sollte auch Retter der Gesellschaft sein. Er war so mächtig ausgestattet, dass er selbst den Szenenwechsel zu einer anderen Republik bewirken konnte. Ebert, von der Nationalversammlung zum ersten Reichspräsidenten gewählt, hielt die Notverordnungsbefugnis des Artikels 48 der Verfassung für lebensnotwendig und hat, als es erforderlich war, davon wiederholt Gebrauch gemacht. Die sozialdemokratischen Genossen indes setzten der Macht des Parlaments und des Präsidenten Volksbegehren und Volksentscheid entgegen, um gegebenenfalls bürgerliche Mehrheiten im Reichstag zu überwinden.

Damit galt, dass der Reichstag Gesetze beschließen und Regierungen ins Amt und wieder heraus befördern konnte, zugleich aber die parlamentarische Demokratie durch den Präsidenten auf der einen, das Referendum auf der anderen Seite gefesselt war. Der Adler des Reiches blieb Deutschlands Staatssymbol. Aber jetzt hatte er drei Köpfe, bereit, einander die Augen auszuhacken. Äußerlich glich die Weimarer Verfassung einem feinmechanischen Schloss von größter Präzision. Tatsächlich aber lag gerade in ihren Sicherungen und Gegensicherungen schon der potenzielle Übergang zu einer anderen Republik. Doch 1919, als die Deutschen in ihrer großen Mehrheit die Erlösung von ihren Schmerzen durch die Demokratie erwarteten, schien das alles weit entfernt, jenseits der Wirklichkeit.

Unterdessen wurde in Paris von den Siegern über die deutsche Zukunft entschieden. Nicht weniger als 27 Staaten waren eingeladen zur großen Friedenskonferenz, die Mehrzahl noch damit beschäftigt, sich selbst zu definieren, eine Regierung zu bilden und ihre Nachbarn zu bekämpfen, die Führer im besten Fall unerfahren, im schlimmsten auf Expansion gerichtet. Die Besiegten waren nicht geladen: Deutschland, Österreich, Ungarn, die Türkei, Bulgarien. Dem Russland der Zaren war eine förmliche Einladung zugegangen, aber es gab niemanden, der sie hätte wahrnehmen können. So waren Deutschland und Russland, die beiden größten Nationen, abwesend bei der Bestimmung des europäischen Schicksals. Wie konnte irgendjemand glauben, dass das Friedenswerk tatsächlich ein Werk des Friedens sein würde, oder gar von Dauer? Die Pariser Konferenz war als offenes Forum angelegt. Da der Rat, bestehend aus den USA, Großbritannien, der Französischen Republik, dem Königreich Italien und dem kaiserlichen Japan, sich niemals auf ein organisierendes Prinzip zu einigen wusste, verloren sich die Teilnehmer in tausend Einzelheiten, Wunschdenken und unlösbaren Widersprüchen. Am wichtigsten darunter war die Unvereinbarkeit des Wilsonschen Idealismus und der französischen Angst.

Wilson wollte eine neue Welt ins Leben rufen, gegründet auf Selbstbestimmung der Nationen, Demokratie, Freihandel, das Verbot der alten Geheimdiplomatie und einen Völkerbund, um Frieden durch kollektive Sicherheit zu gewährleisten. Der amerikanische Präsident verstand weder, dass die alten Bündelreiche der Habsburger und der Osmanen ihren Völkerschaften einen

Modus vivendi garantiert hatten, noch erfasste er die Gefahr der Konglomerat-Struktur der neuen Staaten, namentlich der Tschechoslowakei, Jugoslawiens und Polens. Auch war ihm wenig bewusst, dass die neue europäische Ordnung nur Bestand haben konnte, wenn die Amerikaner sich für alle Zeiten festlegten, sie zu garantieren und Weltpolizist zu sein. Dafür aber bestand weder Tradition noch Aussicht.

Frankreichs Führer waren im Gegensatz dazu entschlossen, Deutschland aufzuteilen, unbegrenzt Reparationen zu erhalten und gegen Deutschland die Petite Entente mit den neuen Staaten in Ost-Mitteleuropa zu gründen, die dazu noch als Bollwerk gegen die bolschewistische Macht im Osten dienen sollte. Sie ahnten, dass sonst, ohne »les Anglosaxons«, das europäische Gleichgewicht früher oder später sich zu Gunsten Deutschlands verschieben würde. Clemenceau, »le tigre«, kämpfte verbissen dafür, die deutsche Macht auf Dauer zu unterdrücken, wohl wissend, dass ohne die Garantie der Briten und Amerikaner dies nichts als gefährliche Selbsttäuschung war.

Angesichts des Massenzorns, der sich im Krieg aufgebaut hatte, und der Schuldenberge, die alle kriegführenden Nationen aufgehäuft hatten, war es nahezu unvorstellbar, die Bitternis zu überwinden und Deutschland, wie Churchill vergeblich forderte, als Teilhaber der Nachkriegsordnung zu kooptieren. Indem Deutschland als Erzfeind behandelt und mit Artikel 231 des Friedensvertrags der Alleinschuld am Krieg bezichtigt wurde – eine Frage, die seitdem Bibliotheken füllt –, entstand eine jener Prophezeiungen, die sich selbst erfüllen. Der Kriegsschuld-Paragraf war eine neue Erfindung im Werkzeugkasten der Diplomatie. Damit wollte man riesige Reparationen gewinnen, ungeachtet der Tatsache, dass, wenn Europas größte Volkswirtschaft sich permanent in finanziellem Ruin befand, die Weltwirtschaft nicht gesunden konnte. John Maynard Keynes, Berater der britischen Delegation, warnte und schrieb, dieser Frieden enthalte schon den Keim des nächsten Krieges. Aber der größte Ökonom Englands warnte vergeblich.

Die Beschlüsse der Konferenz, die das Habsburgerreich und das Osmanenreich zerschlugen, ließen Deutschland vergleichsweise intakt, demütigten aber das Land und erzeugten einen allumfassenden Hass auf das »Schand-Diktat« und seine Urheber. Ein Siebentel des deutschen Territoriums wurde amputiert, Elsass und Lothringen im Westen und Westpreußen im Osten, das der neuen polnischen Republik Zugang zur Ostsee gewährte. Vom industriellen Oberschlesien gingen große Gebiete an Polen, vom ländlichen Schleswig an Dänemark. Die Streitkräfte wurden auf eine Berufsarmee von 100 000 Mann reduziert, die Reste der Flotte gingen an die Briten, zusammen mit großen Teilen der Handelsmarine. Militärfliegerei war verboten. Jene Gebiete Nordfrankreichs und Belgiens, die am stärksten gelitten hatten, sollten als Reparationen Materiallieferungen erhalten. Den Kaiser wollte man als Kriegsverbrecher vor Gericht stellen. Da aber die Regierung in Den Haag nicht mitmachte, blieb allen Beteiligten diese Verlegenheit erspart.

Paris 1919 war nicht Wien 1815. Wien war Realismus gewesen, Antirevolution und Gleichgewicht. In Paris nichts Dergleichen: Das neu geschaffene europäische System beruhte auf zwei unmöglichen Annahmen. Deren erste lautete, dass die Amerikaner, die den europäischen Krieg entschieden hatten, den europäischen Frieden auf alle Zeit bewachen würden. Deren zweite, dass die beiden größten Mächte Europas, Deutschland und Russland, dauerhaft auszuschließen waren. Schlimmer noch, die Pariser Friedenskonferenz setzte eine Prämie auf das Zusammengehen der beiden Paria-Staaten – das auch nicht lange auf sich warten ließ, sondern mit dem Rapallo-Vertrag 1922 Gestalt annahm. Die sowjetische Furcht vor der kapitalistischen Weltverschwörung ließ Moskau nach einem Partner suchen, und Polen, herausgeschnitten aus den verlorenen Gebieten von Zar und Kaiser, konnte jederzeit die Allianz der Außenseiter stiften.

Auch ignorierten die Friedensmacher in Paris – wie übrigens auch die Deutschen –, dass in geostrategischen Begriffen das besiegte Deutschland stärker war als vor dem Krieg. Denn Frankreich hatte keine Großmacht mehr als Partner im Osten, Großbritannien musste sich um sein Empire kümmern, das weiter ausgedehnt war als je zuvor, und auch brüchiger. Der amerikanische Kongress aber hatte genug vom Krieg in Europa. Zugleich waren die Amerikaner die ersten nach Lenin, die sahen, dass in Deutschland die Entscheidung lag, ob das Sowjetsystem die Erde erben würde oder der Westen.

Der Friede von 1919 war, wie Henry Kissinger schrieb, »ein brüchiger Kompromiss zwischen amerikanischem Utopismus und europäischer Paranoia« mit Deutschland im Zentrum, angeschlagen, aber nicht zerstört. Im Spätsommer 1919, als die Weimarer Verfassung in Kraft trat und die Reichsregierung in Versailles den nicht verhandelbaren Vertrag zu unterschreiben hatte, schien Deutschlands inneres und äußeres Schicksal auf viele Jahrzehnte festgelegt. Bei genauerem Hinsehen jedoch war offenbar, dass allein der erste Akt im großen europäischen Drama zu Ende war und sich der Vorhang bald wieder heben würde zum nächsten Akt. Welchem Text die Handlung folgen würde, das lag noch im Verborgenen. Aber die Desperados der Rechten und die Klassenkämpfer der Linken standen bereit zum Zuschlagen, wenn sich die Chance bot.

Europa war gefangen in seiner Vergangenheit, in Rache und

Bitternis. Machiavelli hatte dem Fürsten geraten, den besiegten Feind entweder zu vernichten oder ihn zum Freund zu machen. In Paris geschah, was Deutschland anging, weder das eine noch das andere. Es war ein Krieg gewesen, um alle Kriege zu beenden. Ihm folgte ein Frieden, der kein Frieden war.

Epilog

Vier Monate nach dem Fall der Berliner Mauer berief die britische Premierministerin Margaret Thatcher ein Kolloquium eminenter Historiker aus Großbritannien und den Vereinigten Staaten auf das Landgut Chequers und stellte die Frage: »Have the Germans changed?« Im Entscheidungsmoment nach dem Kalten Krieg wollte sie wissen, worauf sich das übrige Europa einzulassen hatte. Die Frage, monumental in ihrer Einfachheit, verriet tief sitzende Ängste in Bezug auf die deutsche Vergangenheit wie auf die Zukunft Europas. Was wie eine Seminarfrage klang, war in Wahrheit der Versuch, aus der Vergangenheit die Zukunft zu entziffern.

Die Geschichte war wieder in Bewegung. Wer konnte wissen, ob nicht auch Wiederholungen auf ihrem Spielplan standen? In der Frage von Chequers klang ein fernes Echo jener Rede nach, die Benjamin Disraeli 119 Jahre zuvor im Unterhaus gehalten hatte, als er vor der »German Revolution« warnte. Die Antwort der anwesenden Geschichts- und Deutschland-Weisen allerdings war eher von der beruhigenden Art. Nicht noch einmal ein »Ruheloses Reich«, versicherte Kanzler Kohl am 3. Oktober 1990 den Deutschen und der Welt, den Titel eines Buches über das Bismarckreich zitierend.

Nach der Vereinigung von Ost und West beschloss der Deutsche Bundestag, wenngleich mit knapper Mehrheit, alte Versprechen einzuhalten und den Regierungssitz vom rheinischen Bonn in das wieder ungeteilte Berlin zu verlegen, Hauptstadt des Reiches von 1871 bis 1945. Niemand konnte sicher sein, welche Wirkung davon auf Stil und Substanz deutscher Politik ausgehen würde: Bonn ist keine hundert Kilometer von Benelux entfernt, Berlin keine Fahrstunde von Polen. Da stellte sich noch einmal die Frage, ob die neue Geographie Symbol und Antriebskraft einer neuen »German Revolution« würde. Würden die Steine der künftigen Hauptstadt und ihre Lage in Europa die deutsche Politik nach innen und außen umprägen?

In Berlin findet sich, über die Stadt zerstreut, eine Ansammlung von Trümmern und Gebäuden mit Bedeutung weit jenseits ihrer unmittelbaren Präsenz. Der Reichstag am Rande der alten Quadratmeile der Macht – schon der Name des Gebäudes ist der neuen politischen Korrektheit anstößig – ist eine Metapher der Fusion von Vergangenheit und Gegenwart. In den beiden letzten Jahrzehnten des Kaiserreiches war das Gebäude die Arena eines unregierbaren und nicht-regierenden Parlaments gewesen, in den Weimarer Jahren hatte dort das Drama der Republik seine Szenerie gefunden; während der Diktatur hatte die ausgebrannte Ruine ratlos in den Himmel geragt. Jetzt ist die machtvolle Neo-Renaissance-Struktur mit ihren vier Türmen noch immer da, dem Reichstagsbrand, den Bomben und der Schlacht um Berlin zum Trotz. Wer sich die Mühe macht, kann immer noch am Gemäuer Wunden von Bomben und Maschinengewehrfeuer erkennen. Die hohe Kuppel, anders als früher nicht nur dekorativ, sondern auch funktional von dem britischen Architekten Sir Norman Foster als leichte Glas-Stahl-Konstruktion gestaltet, ist längst von den Deutschen als Nationalsymbol angenommen worden, vor und über dem nahen Brandenburger Tor aufragend.

Das Tor, im strengen Klassizismus des späten 18. Jahrhunderts gestaltet, hat in zwei Jahrhunderten viel gesehen, was Weltgeschichte war: vom siegreichen Einzug Napoleons 1806 bis zur triumphalen Rückkehr der preußischen Garden 1871 – »Welch

eine Wendung durch Gottes Führung« stand damals in großen
Lettern darüber –, von der Bitternis der Geschlagenen und den
Schießereien 1919 bis zum Fackelzug der SA 1933 und zum End-
kampf um Berlin 1945, vom Bau der Mauer 1961 bis zu ihrem
Ende 28 Jahre später.

Wenige hundert Meter südlich des Pariser Platzes befand
sich Bismarcks Reichskanzleramt in der Wilhelmstraße und,
seit 1938, Albert Speers Neue Reichskanzlei, aus deren Marmor
1945 die Rote Armee hastig ihr Siegesmonument – selbstre-
dend ohne Erwähnung der zwei Jahre Kollaboration mit der
Wehrmacht – westlich des Brandenburger Tores bauen ließ, bevor die Briten am 4. Juli 1945 ihren Sektor in Besitz nahmen.
Aus demselben Stein wurde östlich des Tores die Residenz ihres
Statthalters im geteilten Deutschland errichtet.

»Von ihren Städten wird bleiben der Wind, der durch sie
hindurchging«, sagte einst Bertolt Brecht. Westlich des Tores
erstreckt sich die alte Straße durch den Tiergarten, die alle Jahrhunderte hindurch Händler und Helden nach Berlin führte,
unterbrochen nur von der Victoria-bekrönten Säule, die an
vergessene Siege erinnert. Nach Osten die alte Straße Unter den
Linden, die an der Universität Humboldts, an Schinkels Neuer
Wache, an Schlüters Zeughaus und Friedrichs Oper einmal weiter führte zum Stadtschloss. Das war der Mittelpunkt der Stadt
und des Landes und bedeutete den im Gebäude manifestierten
Anspruch des Kurfürsten von Brandenburg und Königs in
Preußen auf den Rang europäischer Großmachtstellung. Es hatte
Bomben und direktem Beschuss getrotzt. 1952 aber wurde es bis
auf den Grund zerstört und von den kommunistischen Beherr-
schern abgerissen. Es blieb nichts als ein großer leerer Platz, auf
dem die Massen ihren Unterdrückern für ihre Existenz zu dan-
ken hatten.

In dieser Stadtlandschaft, überreich an Geschichte und übersät von Monumenten menschlichen Wahns, zeichnet sich das halbe Jahrhundert des Bismarckstaats ab, zum Guten wie zum Bösen, als formative Epoche des modernen Deutschland. Der Nationalstaat, 1848 erträumt und seitdem zusammengehämmert, ist ungeachtet der europäischen Integration, der atlantischen Sicherheit und der Globalisierung noch immer Bezugsrahmen der Politik, der Steuern und der Wohlfahrt. Der deutsche Korporatismus – »Germany Inc.« –, die Intimität zwischen Hochfinanz und Großindustrie, öffnet sich nur langsam den Herausforderungen der Weltwirtschaft. Die gemeinsame europäische Währung wird dabei Teil und Mittel sein.

Der Sozialstaat indes ist unverändert das befestigte Labyrinth staatlicher Umverteilung, sozialer Gleichgewichte und des Stimmenkaufs, und er ist ganz und gar national, von Geschichte durchtränkt seit Bismarck. Der alte Föderalismus deutscher Prägung, von den Hansestädten bis zum Freistaat im Süden, ist im vereinten Europa eher stärker als schwächer. Von den vielen Kapiteln deutscher und europäischer Geschichte, die die Gegenwart bestimmen, hat jedoch keines tiefer gewirkt als jenes, das in Versailles 1871 begann, und ebendort endete, als 48 Jahre später der Schlussstrich gezogen wurde. Sosehr sich die Deutschen auch wandelten – und darin hatten die Weisen von Chequers wohl Recht –, Deutschland bleibt, ob es den Seinen gefällt oder nicht, im Zentrum des Dramas, das europäische Geschichte war und ist und auch weiterhin sein wird.

ANHANG

Dramatis personae

Adenauer, Konrad (1876–1967), Sohn eines preußischen Unteroffiziers, studierte Jura, heiratete in eine Familie der Kölner Oberschicht, Oberbürgermeister seiner Heimatstadt von 1917–1933. Erster Bundeskanzler der Bundesrepublik Deutschland 1949–1963.

Ballin, Albert (1857–1918), Industrieller aus jüdischer Familie, machte die Hamburg-Amerika-Linie (HAPAG) zur größten der Welt vor 1914. Warnte den Kaiser vor dem Bau der Schlachtflotte.

Bebel, August (1840–1913), Sohn eines preußischen Unteroffiziers, gelernter Dreher, Fabrikant von Baubeschlägen, Führer der SPD, »Arbeiter-Bismarck«.

Berlepsch, Hans Baron von (1843–1926), hoher preußischer Beamter, führte 1889 Verhandlungen mit streikenden Bergarbeitern, preußischer Handelsminister unter Caprivi.

Bernstein, Eduard (1850–1932), sozialdemokratischer Politiker aus jüdischer Familie. Obwohl von Marx und Engels gefördert, führender Reformist.

Bethmann Hollweg, Theobald von (1856–1921), hoher preußischer Beamter, Staatssekretär des Reichsamts des Innern, Reichskanzler 1909–1917. Hamlet-Charakter, dessen Einsichten über Wilhelm II. und das Verhängnis des Krieges größer waren als Willen und Fähigkeit, etwas dagegen zu tun.

Bismarck, Otto von, 1866 Graf, 1871 Fürst (1815–1898), konservativer Heißsporn mit revolutionären Zügen, die Mutter bürgerliche Beamtentochter, der Vater Junker wie aus dem Lehrbuch, Meister der cäsarischen Gegenrevolution. Machte sich zum Zentrum der Reichsverfassung von 1871, getrieben vom »cauchemar des coalitions«, hinterließ brüchige Allianzen und drei Bände literarischer »Gedanken und Erinnerungen«.

Bülow, Bernhard von, 1905 Fürst (1849–1929), Außen-Staatssekretär, Reichskanzler 1900–1909, genannt »der Aal«. Seine Eitelkeit überstieg mehr als gewöhnlich seine Fähigkeiten. Bewirkte Rückkehr zum Protektionismus, förderte die Schlachtflotte. Vier Bände schwatzhafter Memoiren.

Caprivi, Leo von, Graf 1891 (1831–1899), General der Infanterie und Chef des Reichsmarineamtes, von Bismarck als Nachfolger empfohlen, suchte den historischen Kompromiss mit der Linken, setzte Handelsvertrag mit Russland durch und den Helgoland-Sansibar-Vertrag mit England. Scheiterte am Alldeutschen Verband, Reichslandbund und am Kaiser. Historisch unterschätzt.

Clemenceau, Georges (1841–1929), radikaler Politiker, genannt »le tigre«, der die deutsche Annexion des Elsass und Lothringens nie vergab und vergaß. Premierminister 1917–1920. Als solcher verantwortlich für die Verbissenheit französischer Politik auf der Pariser Friedenskonferenz von 1919.

Conrad von Hötzendorf, Franz (1852–1925), österreichischer Generalstabschef 1906–1911 und 1912–1917, hauptverantwortlich für die nervös-aggressive Balkanstrategie 1908 und 1914. Statt die Monarchie durch Krieg zu retten, bewirkte er ihren Ruin.

Disraeli, Benjamin, Lord Beaconsfield 1876 (1804–1881), Tory-Führer, warnte 1871 vor der »German Revolution«, als Premier Zusammenarbeit mit Bismarck – »der alte Jude, das ist der Mann« – auf dem Wiener Kongress, um einen Krieg mit Russland zu verhüten. Machte Queen Victoria zur »Empress of India«.

Ebert, Friedrich (1871–1925), Vorsitzender der SPD, 1918 Vorsitzender des Rats der Volksbeauftragten, antirevolutionär, verbündet mit General Groener, durch die Nationalversammlung gewählter erster Präsident der Weimarer Republik.

Eisner, Kurt (1867–1919), Journalist, Sozialist, Führer der bayerischen Revolution 1918. Der Mord an ihm löste die Räterepublik in München aus, Trauma der bürgerlichen Schichten.

Franz Ferdinand (1863–1914), Erzherzog von Österreich, reformgesonnener Thronfolger, reorganisierte Land- und Seestreitkräfte. Liebesheirat gegen den Wiener Hof, zusammen mit seiner Gattin von bosnischen Serben am 28. Juni 1914 in Sarajewo erschossen.

Franz Joseph, Kaiser von Österreich und König von Ungarn (1830–1916), präsidierte über Niedergang und Verfall der Donaumonarchie. Bürokrat alter Schule.

Friedrich III., deutscher Kaiser und König von Preußen (1831–1888), verheiratet mit Victoria, Princess Royal, Reformer, der indes nur 99 Tage regierte, bis er an Kehlkopfkrebs starb. Vergebliche Hoffnung des liberalen Deutschland.

Gambetta, Leon (1838–1882), französischer Politiker für die radikale Republik. Entkam 1870 aus dem belagerten Paris, um Krieg »à outrance« gegen die Deutschen zu organisieren. Die Gemäßigten indes suchten Frieden, er trat zurück.

Gaulle, Charles de (1890–1969), französischer Offizier, Staatsmann und Schriftsteller, Ausbildung in St. Cyr, diente unter Petain, in Verdun gefangen genommen, Chef der *France Libre*, Staatschef von 1944–1946, 1958 erster Präsident der V. Republik. Lebenslange Faszination durch Deutschland.

Grey, Sir Edward (1862–1933), britischer Außenminister 1905–1916, schloss die Entente cordiale zur Eindämmung Deutschlands, setzte den Beitritt Russlands 1907 durch gegen starke Zweifel unter den Liberalen. 1914 hilflos: »The lamps are going out all over Europe, and we shall not see them lit again in our lifetime.«

Haldane, Richard Burdon, Viscount 1911 (1856–1928), britischer Kriegsminister, Bewunderer der preußischen Armee, reformierte Streitkräfte nach dem Burenkrieg. Vergeblicher Versuch maritimer Rüstungskontrolle mit Deutschland 1912.

Hindenburg und Beneckendorf, Paul von (1847–1934), hatte als Leutnant Versailles 1871 zu bewachen, als preußischer Feldmarschall »the wooden titan« (Wheeler-Bennett). Zweiter und letzter Reichspräsident der Weimarer Republik, verhalf Hitler zur Macht.

Hitler, Adolf (1889–1945), Sohn eines österreichischen Zolloffizials, geprägt durch Wiener Männerheim-Milieu, 1914 Kriegsfreiwilliger in bayerischem Regiment, niemals befördert. 1918 durch Gas schwer verwundet, beschloss er, Politiker zu werden. Reichswehragitator und Parteiführer, Putschist 1923, Schriftsteller (»Mein Kampf«), Reichskanzler 1933. Totalitärer Führer und »Inkarnation des Bösen« (Hans Bernd von Haeften, 1944).

Hohenlohe-Schillingsfürst, Chlodwig Fürst zu (1819–1901), aus mediatisierter süddeutscher Familie, ließ als Reichskanzler von 1894–1900 die Politik geschehen und den Kaiser sein persönliches Regiment entfalten.

Joffre, Joseph (1852–1931), Maréchal de France, als Mitglied des Obersten Verteidigungsrats verantwortlich für die Mobilmachung. Bewirkte »miracle de la Marne« 1914 und damit Scheitern des Schlieffen-Plans. 1918 Mitglied der Académie Française.

Katkov, Michael Nikiforowitsch (1818–1887), von Hegel beeinflusst, obwohl Bewunderer des britischen Parlamentarismus, Befürworter des zarischen Absolutismus, doch nicht mehr gegründet auf göttliches Recht, sondern auf Führung des Panslawismus. Österreich-Hasser und schlafloser Workaholic.

Krupp, Friedrich (1812–1887), Industrieller in Essen, »Kanonenkönig«. Stieg auf vom Gießereiunternehmer zum Großindustriellen. Seine »Villa Hügel« über dem Ruhrtal entfaltete mit Nebengebäuden und Park imperialen Anspruch.

Legien, Carl (1861–1920), Gewerkschaftsführer. Nach dem Ende des Sozialistengesetzes nahm er das Regierungsangebot zur Teilnahme am Arbeitsgerichtswesen an. 1916 Mit-Architekt des Vaterländischen Hilfsdienstgesetzes, 1918/19 des antirevolutionären Kompromisses mit Unternehmern in der »Zentralarbeitsgemeinschaft«.

Lenin, Wladimir Iljitsch (1870–1924), russischer Revolutionär, Schriftsteller. Mit Unterstützung und Mitteln des deutschen Oberkommandos aus dem Exil in Zürich 1917 nach St. Petersburg gekommen, wo die Bolschewiki gegen Duma und Regierung putschten. Abbruch des Krieges, Verzicht-Frieden von Brest-Litowsk in Erwartung der deutschen Revolution. Sowjet-Diktator, der in »sozialem Rassismus« (D. Wolkogonow) viele Millionen Menschen summarisch umbringen ließ.

Liebknecht, Karl (1871–1919), Sozialist, Spartakusbund, 1918 zusammen mit Rosa Luxemburg Gründer der Kommunistischen Partei, Feind der liberalen Republik, von Freikorpstruppen erschossen.

Ludendorff, Erich (1865–1937), militärischer Führer, mit Hindenburg Sieg gegen die russische Offensive 1914, 1916 Übernahme III. Oberste Heeresleitung, brach die Verdun-Strategie ab. Außer im Namen bis zur Waffenstillstandsforderung deutscher Militärdiktator.

Ludwig II. (1845–1886), König von Bayern. Erbauer absolutistischer Traumschlösser, Förderer Wagners in Bayreuth, 1871 in verfassungspolitischer Schlüsselrolle, als er dem preußischen König die Kaiserwürde antrug, was Bismarck durch Zahlung hoher Summe in bar honorierte. In geistige Umnachtung versinkend.

Luxemburg, Rosa (1879–1919), einzige Frau ihrer Zeit in politischer Führungsstellung, aus dem osteuropäisch-jüdischen »Stetl«, sinnlich und hochgebildet. Organisierte Spartakusbund gegen Krieg und Kaiserreich, Mitbegründerin der KPD, von Freikorpstruppen erschossen, sozialistische Märtyrerin.

Max, Prinz von Baden (1867–1929), letzter Reichskanzler des Kaiserreiches 1918, badischer Thronfolger liberaler Prägung. Unter ihm Veränderung der Reichsverfassung: zu wenig, zu spät. Hilflos in der Führung öffentlicher Meinung, zögerliche Verhandlungen um Waffenstillstand. Nach Abdankung Wilhelms II. Übergabe der Geschäfte an Ebert.

Moltke, Helmuth von, (1800–1891), 1870 Graf, preußischer Generalstabschef, eine Legende schon in seiner Zeit, integrierte die moderne Technologie in die Kriegführung und gewann alle seine Feldzüge.

Napoleon III., Kaiser der Franzosen (1808–1873), Neffe des Korsen, aus englischem Exil kommend, erster und letzter gewählter Präsident der 2. Republik, die er 1851 durch Staatsstreich beendete. Seitdem autoritäres Regime mit allgemeinem Wahlrecht, von Bismarck bewundert. Eigennütziger Förderer des italienischen, Gegner des deutschen Nationalismus, führte 1870 Krieg wider bessere Einsicht und verlor.

Nikolaus II., Zar aller Reußen (1868–1918), wollte Autokratie fortsetzen, musste nach der Niederlage gegen Japan 1905 Reformen konzedieren. Ahnte das Desaster des Krieges, löste 1914 durch Mobilmachungs-Order die fatale Eskalation zum Krieg aus. In Jekaterinburg von Bolschewiki erschossen, heute als Märtyrer verehrt.

Petain, Philippe (1856–1951), Maréchal de France, unabhängiger Geist, dem Deutschland zum Schicksal wurde. Populärer Heerführer und Held von Verdun, Präsident des Vichy-Regimes, Kollaboration mit Hitler-Deutschland, zum Tode verurteilt und von de Gaulle, den Petain wie ein Vater gefördert hatte, begnadigt.

Rathenau, Walther (1867–1922), Großindustrieller (AEG) und Großdenker »Von kommenden Dingen«, Visionär und Realist, Kunstkenner und -förderer, jüdischer Außenseiter der jüdischen Sache, des Kaisers Tischgast und Kritiker des Wilhelminismus, 1914 Organisator der wirtschaftlichen Kriegsanstrengung, Außenminister der Republik, schloß 1922 den Rapallo-Vertrag ab. Auf dem Weg ins Amt ermordet.

Scheidemann, Philipp (1865–1939), sozialdemokratischer Führer, der am 9. November 1918 gegen Eberts besseres Urteil die parlamentarische Republik ausrief, einer der sechs »Volksbeauftragten«, 1919 deutscher Ministerpräsident, Rücktritt angesichts Versailler Vertrag.

Schlieffen, Alfred Graf von (1833–1913), Chef des Großen Generalstabs, gab die separaten Feldzugspläne von Ost und West der Ära Moltke auf und setzte darauf, den Westkrieg schnell zu gewinnen, um dann den Ostkrieg zu entscheiden. Der Zweifrontenkrieg wurde dadurch vom Albtraum Bismarcks zur Gewissheit seiner Nachfolger.

Stresemann, Gustav (1878–1929), Vorsitzender der Nationalliberalen Partei, aus einfachen Verhältnissen, Verbandsfunktionär, Vertrauensmann der Obersten Heeresleitung, im Reichstag ohne Vertrauen. Später »Vernunftrepublikaner« und seit 1923 erfolgreicher Außenminister der Republik.

Thiers, Adolphe (1797–1877), französischer Politiker der Mitte, in Opposition zu Napoleon III., Gegner des Krieges 1870, fürchtete Umsturz, wenn der Krieg weiterging, verhandelte den Frieden mit Bismarck, unterdrückte die Pariser Commune.

Tirpitz, Alfred, seit 1900 von (1849–1930), ehrgeiziger Marineoffizier, energisch und organisationsbegabt, entwarf 1894 die Strategie gegen die Royal Navy und Englands Vorherrschaft. Eindimensionaler Militär, begriff er so wenig wie sein kaiserlicher Förderer die verhängnisvollen Folgen.

Wilhelm I., deutscher Kaiser und König von Preußen (1797–1888), sein ganzes Leben immer Mann des Militärs. Kein Dr. Faustus, fand er doch in Bismarck seinen Mephisto. Am Ende seines Lebens war der verhasste »Kartätschenprinz« von 1848 Vaterfigur und, als sie vorüber war, Verkörperung der »guten alten Zeit«.

Wilhelm II. (1859–1941), mehr deutscher Kaiser als König von Preußen. »Ein brillanter Versager« nannte ihn sein Onkel Eduard VII. Hoch talentiert und unvorstellbar oberflächlich, wollte Wilhelm II. das konstitutionelle Kaisertum zu einem cäsarisch-charismatischen Regime entwickeln, gegründet auf Brot und Spiele, das Brot industrieller Wohlstand, die Spiele von militärischer Art. Im Deutschland der Friedenszeit zunehmend marginalisiert, im Krieg martialische Dekoration. Dazwischen lagen Julikrise und das Versagen des »kaiserlichen Knaben«, wie ihn der Vortragende Rat von Holstein im Auswärtigen Amt nannte.

Wilson, Woodrow (1856–1924), 28. Präsident der Vereinigten Staaten. Steuerte die USA 1917 in den europäischen Krieg, suchte Rechtfertigung und Richtung in den »Fourteen Points«. Vermochte seinen Idealismus weder den Europäern noch dem Kongress zu vermitteln. Seine Vorstellung vom Europa der demokratischen Nationen war schöne politikwissenschaftliche Theorie. Die hässliche Wirklichkeit ging schwanger mit Kriegen und Bürgerkriegen.

ZEITTAFEL

1848/49: Soziale und politische Revolutionen auf dem europäischen Kontinent. Die deutsche Nationalversammlung tritt, während der bewaffnete Aufstand der Linken niedergeworfen wird, in der Paulskirche zu Frankfurt zusammen. Die Bürgerrechte werden angenommen, die Verfassung beraten, die kleindeutsche Lösung ohne Österreich beschlossen. Als der König von Preußen die Krone von Parlaments Gnaden ablehnt – »aus Dreck und Letten gebacken« –, ist das Parlament am Ende. Demokratie und Nation bleiben Leitidee.

1850: Die preußische Politik der Norddeutschen Union scheitert an der Kriegsdrohung aus Wien und St. Petersburg. Bismarck tut sich als Verteidiger der Regierung gegen den »Nationalschwindel« hervor.

1852: Napoleon III. durch Staatsstreich und Verfassungs-Referendum Kaiser der Franzosen. Europaweite Faszination seines autoritär-populären Regimes, das als »Cäsarismus« gilt.

1854–56: Krimkrieg der Westmächte und Piemont/Sardiniens gegen den Zarenstaat sistiert die Wiener Ordnung. Russland wird in Richtung Preußen bündnisbedürftig.

1859: Piemont/Sardinien, unterstützt von Frankreich, kämpft gegen Österreich. Preußen, Großbritannien und Russland bleiben neutral. Die preußische Armee wird mobilisiert, um Druck auf Wien auszuüben.

1861–65: Amerikanischer Bürgerkrieg, größter Krieg zwischen 1815 und 1914. Frankreich schickt ein Expeditionskorps nach Mexiko, wo das Kaisertum von Frankreichs Gnaden scheitert. Napoleon III. zu Hause in Schwierigkeiten.

1862: Verfassungskonflikt in Preußen, Bismarck als Helfer in der Not zum Ministerpräsidenten berufen.

1864: Preußen und Österreich im Krieg mit Dänemark über nationale Selbstbestimmung der großenteils deutschsprachigen Provinzen

Schleswig und Holstein. Das preußisch-österreichische Kondominium als Reibeisen.

1866: Bismarck treibt durch Bundesreform, auf allgemeines Wahlrecht und deutsches Zentralparlament gerichtet, Österreich zum Krieg, preußisch-italienische Allianz dient der Absicherung. Entscheidung an der Elbe bei Königgrätz. Preußische Annexionen im Norden verändern die politische Geographie. Italien gewinnt Lombardo-Venetien.

1867: Unter preußischer Hegemonie entsteht der Norddeutsche Bund. Die Verfassung, Organisationsstatut ohne Bürgerrechte, Vorform der späteren Reichsverfassung. Bismarck auch Bundeskanzler und preußischer Außenminister.

1867: Österreich verhandelt »Ausgleich« mit Ungarn.

1867/68: Der Deutsche Zollverein, Nord- und Süddeutschland umfassend, erhält ein Parlament. Liberale Gewerbeordnung, militärische Schutz- und Trutzbündnisse Preußens mit den vier süddeutschen Staaten. Ablehnung preußischer Vorherrschaft im Süden.

1870/71: Drei Kriege: zuerst der des französischen Kaiserreichs gegen Preußen und dessen Verbündete, dann Fortsetzung durch die Republik, endlich Aufstand der Commune von Paris gegen den Frieden und gnadenlose Niederschlagung durch Truppen der Republik. Das Deutsche Reich und Frankreichs III. Republik im Krieg geboren.

1871/72: Deutsche Bank und Dresdner Bank als Universalbank auf Aktien gegründet.

1873: Drei-Kaiser-Bündnis, Vorkehrung gegen drohenden Krieg zwischen Russland und Österreich-Ungarn.

1871–79: Kulturkampf, von Bayern ausgehend, für Trennung von Staat und Kirche, Entmachtung des Klerus.

1874: *Richard Wagner und Frau Cosima beziehen, unterstützt vom bayerischen König, Haus »Wahnfried« in Bayreuth.*

1876: *AEG installiert in Berlin elektrisches Licht nach Edison.*

1876/77: Balkankriege. Nach serbischen Niederlagen gegen türkische Armee Eingreifen der Russen, die der Hohen Pforte den Frieden von San Stefano diktieren. London verlangt Revision, droht mit Krieg, sichert sich Zypern.

1878: Innenpolitik: Attentat auf Kaiser Wilhelm I. gibt Vorwand für Sozialistengesetz. Außenpolitik: Auf Berliner Kongress Bismarck »ehrlicher Makler, der das Geschäft zu Stande bringen will«. Entfremdung Russlands, durch Handelskrieg verschärft.

1879: Zweibund mit Österreich als Defensiv-Allianz, um Russland vom Krieg abzuschrecken, Zollgesetzgebung in Richtung Protektionismus.

1881: Neues Drei-Kaiser-Bündnis auf drei Jahre zur Verhinderung eines russischen Angriffs auf Österreich-Ungarn.

Telefonsystem in Berlin.

1882: Großbritannien errichtet Protektorat über Ägypten, um den Suezkanal zu sichern, löst neue Welle des Imperialismus aus.

Robert Koch entwickelt Mittel gegen Tuberkulose (»Schwindsucht«).

1884/85: Kongo-Konferenz in Berlin legt in Afrika Grenzen fest.

1886: *Gottfried Daimler und Carl Benz lassen Motorwagen patentieren.*

1887: *Emil Berliner entwickelt das Grammofon, Heinrich Hertz entdeckt elektrische Schwingungen, 1888 den Funktelegrafen.*

1887: Gegen französisch-russische Annäherung Abschluss des geheimen Rückversicherungs-Vertrags mit Russland auf drei Jahre.

1888: Drei-Kaiser-Jahr: Wilhelm II. betritt die Bühne.

1889: Massenstreiks in den Bergwerken der Ruhr und Oberschlesiens: Bismarck will Truppen einsetzen, der Kaiser lässt verhandeln.

Großbritannien beginnt Modernisierung der Royal Navy; Revolution in Schiffbau und Seestrategie. Adolf Hitler in Braunau im österreichischen Innviertel geboren.

1890: Bismarck tritt zurück. Nachfolger General von Caprivi: Politik des historischen Kompromisses.

Emil von Behring entwickelt Serum gegen Diphtherie und Tetanus.

1891: Russisch-französische Militärkonvention.

Gerhart Hauptmann: »Die Weber« (Nobelpreis 1912).

1894: Rücktritt Caprivis. Fürst Hohenlohe Kanzler; Wilhelm II. unterschreibt Tirpitz' Schlachtflottenplan für Schlachtflotte gegen England.

1895: *Sigmund Freud und Josef Breuer publizieren »Studien über Hysterie«, Grundlagenwerk der Psychoanalyse.*

1896: *Otto Lilienthal stirbt beim Absturz des von ihm erfundenen Gleiters.*

1897: Bülow fordert im Reichstag »Platz an der Sonne«. Reise Wilhelms II. ins Osmanische Reich, um für die Bagdad-Bahn zu werben, auch nach Haifa und Jerusalem. Erster Zionisten-Kongress in Basel.

1898–1901: Burenkrieg in Südafrika erzeugt antibritische Stimmung; Bündnischance mit England vertan. Politik der »Freien Hand«.

1900: Bürgerliches Gesetzbuch ersetzt *Code civil* im Westen und Allgemeines Landrecht im Osten.

Der erste Zeppelin-Ballon.

1901: *Alfred Nobel, Sprengstoff-König, stiftet den Nobelpreis, unter den ersten Preisträgern Conrad Röntgen für Physik und Emil von Behring für Medizin.*

Thomas Mann: »Die Buddenbrooks« (Nobelpreis 1929).

1902: Rückkehr zu Schutzzöllen.

Robert Bosch entwickelt Zündkerze. Der Althistoriker Theodor Mommsen gewinnt Nobelpreis für Literatur.

1904: Entente cordiale zwischen London und Paris.

1904/05: Russisch-japanischer Krieg, Beginn japanischer Expansion und russischer Transformation. Erste Marokkokrise.

1905: Schlieffen-Plan verengt deutsche Strategie auf zeitversetzten Zweifrontenkrieg.

Richard Strauß komponiert »Salome«. Albert Einstein entwickelt »Allgemeine Relativitätstheorie«.

1906: *Entrevue* des Kaisers und des Zaren in Bjoerkoe: Russland bleibt im Bündnis mit Frankreich.

1908: Österreich-Ungarn annektiert Bosnien-Herzegowina, russische Demütigung, Reichskanzler von Bülow verspricht Wien »Nibelungentreue«.

1908/09: Deutschland und Großbritannien suchen wegen Flottenrüstung neue Steuerquellen. Lloyd George setzt »Butcher's Budget« durch, Bülow scheitert.

1909: Bethmann Hollweg wird Reichskanzler.

Fritz Hofmann entwickelt künstlichen Gummi.

1912: Viscount Haldane, britischer Kriegsminister, sucht vergeblich maritime Rüstungskontrolle mit Deutschland. Deutsch-britische Balkan-Zusammenarbeit. Pläne zur Aufteilung der portugiesischen Kolonien.

Die unsinkbare »Titanic« versinkt im Nordatlantik; Künstlervereinigung »Die Brücke« in München.

1912/13: Erster und zweiter Balkankrieg mit Massakern und Vertreibungen: die kleinen Staaten gegen das Osmanische Reich.

1913: Als Antwort auf russisch-französische Massenheere Ausweitung der Wehrpflicht. Banque de France zieht Gold aus Umlauf, die Reichsbank folgt.

1914: Der Große Krieg Europas beginnt. Die deutsche Strategie scheitert im Westen, Frankreichs »Wunder an der Marne«. Industrieller Abnutzungs- und Grabenkrieg ohne Entscheidung. Ausweitung des Krieges nach innen (totale Erfassung) und außen (Bündnispartner). *Ausweitung durch Technik.*

1915: Versenkung der »Lusitania« durch deutsches U-Boot bringt USA näher an den Krieg.

1916: Schlacht von Verdun, Verluste beider Seiten nahe bei 700 000, Marschall Petain steht Krise durch, Ludendorff bricht Schlacht ab.
Vaterländisches Hilfsdienstgesetz durch Zusammenarbeit der Obersten Heeresleitung und der Gewerkschaften.
Königreich Polen unter deutschem Einfluss proklamiert.

1917: Julikrise in Berlin, Friedensresolution, Entstehung Mitte-Links-Mehrheit. Wende vom Weltkrieg zum Weltbürgerkrieg. Der russischen Februarrevolution folgt Zusammenbruch der zaristischen Armeen. Lenins Oktoberputsch, durch deutsche Führung gefördert, nimmt Russland aus dem Krieg. Lenin setzt auf deutsche Revolution. Eintritt der USA in den Krieg.

1918: Januar: »Fourteen Points« des US-Präsidenten Wilson: gegen die Mittelmächte, Lenin und die Entente. Massenstreiks in der deutschen Rüstungsindustrie.
März: Deutsches Oberkommando diktiert Sowjets Frieden von Brest-Litowsk. Letzte Offensiven beginnen und scheitern im Juli. Britischer Panzerdurchbruch.

September: Oberste Heeresleitung verlangt Waffenstillstand und Bildung neuer Regierung aus dem Reichstag. Auflehnung der Flotte gegen heroischen Untergang löst deutsche Revolution aus. Zerfall der Fronten, Zusammenbruch der Mittelmächte. Ende des Kaiserreiches, Rat der Volksbeauftragten aus Sozialdemokraten, Ebert an der Spitze. Zentralarbeitsgemeinschaft mit der Industrie.

1919: Wahlen zur Nationalversammlung. Friedenskonferenz in Paris, Versailler Vertrag, Verfassung des Deutschen Reiches. Unter Schmerzen entsteht die Weimarer Republik.

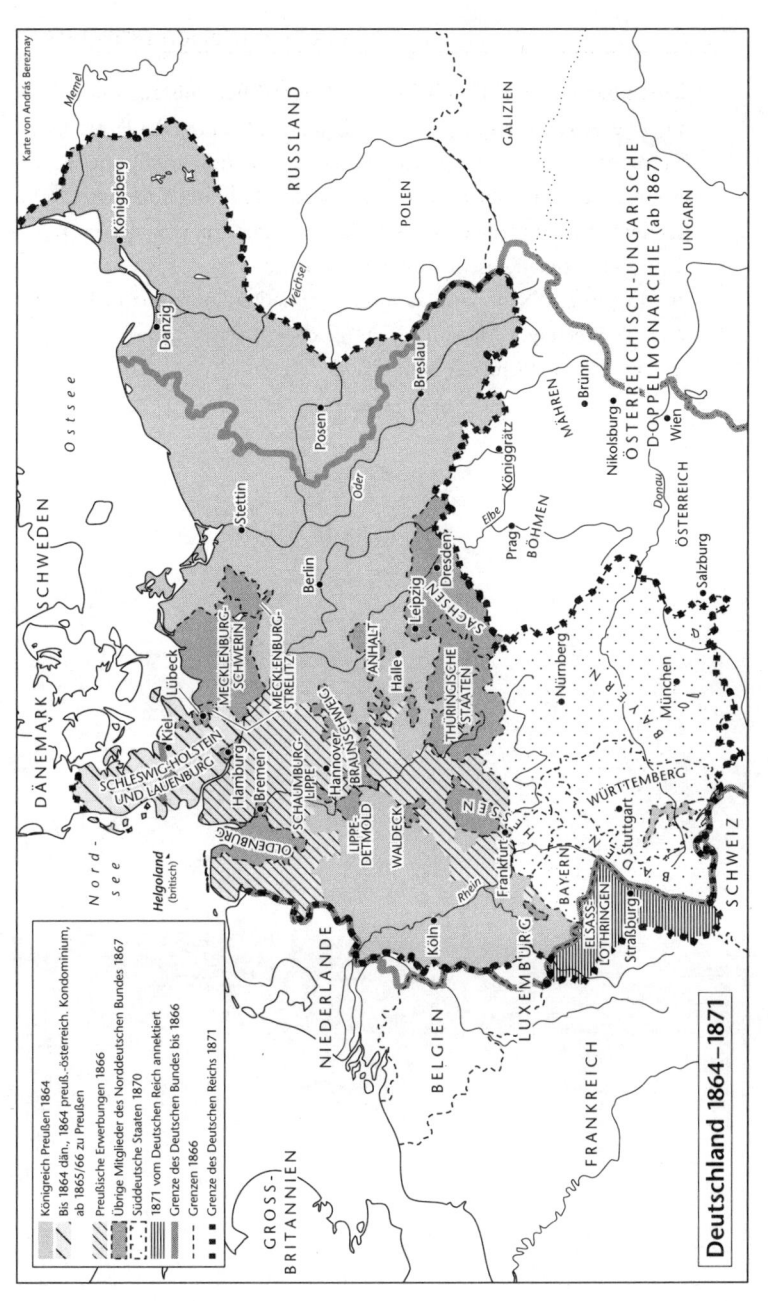

Karte von András Bereznay

Deutschland 1864–1871

GROSS-
BRITANNIEN

SCHWEDEN

DÄNEMARK

RUSSLAND

POLEN

GALIZIEN

ÖSTERREICHISCH-UNGARISCHE
DOPPELMONARCHIE (ab 1867)

UNGARN

MÄHREN

BÖHMEN

ÖSTERREICH

SCHWEIZ

FRANKREICH

LUXEMBURG

BELGIEN

NIEDERLANDE

O s t s e e

N o r d -
s e e

Memel

Königsberg

Danzig

Weichsel

Breslau

Posen

Oder

Stettin

Berlin

Leipzig

Dresden

Königgrätz

Prag

Brünn

Nikolsburg

Wien

Salzburg

Elbe

Donau

Nürnberg

München

BAYERN

WÜRTTEMBERG

Stuttgart

Straßburg

ELSASS-
LOTHRINGEN

Rhein

Frankfurt

Köln

WALDECK

LIPPE-
DETMOLD

SCHAUMBURG-
LIPPE

Hannover

BRAUNSCHWEIG

ANHALT

Halle

THÜRINGISCHE
STAATEN

SACHSEN

HESSEN

OLDENBURG

Bremen

Hamburg

MECKLENBURG-
SCHWERIN

MECKLENBURG-
STRELITZ

Lübeck

Kiel

SCHLESWIG-HOLSTEIN
UND LAUENBURG

Helgoland
(britisch)

HARZ

SCHWARZWALD

Königreich Preußen 1864

Bis 1864 dän., 1864 preuß.-österreich. Kondominium,
ab 1865/66 zu Preußen

Preußische Erwerbungen 1866

Übrige Mitglieder des Norddeutschen Bundes 1867

Süddeutsche Staaten 1870

1871 vom Deutschen Reich annektiert

Grenze des Deutschen Bundes bis 1866

Grenzen 1866

Grenze des Deutschen Reichs 1871

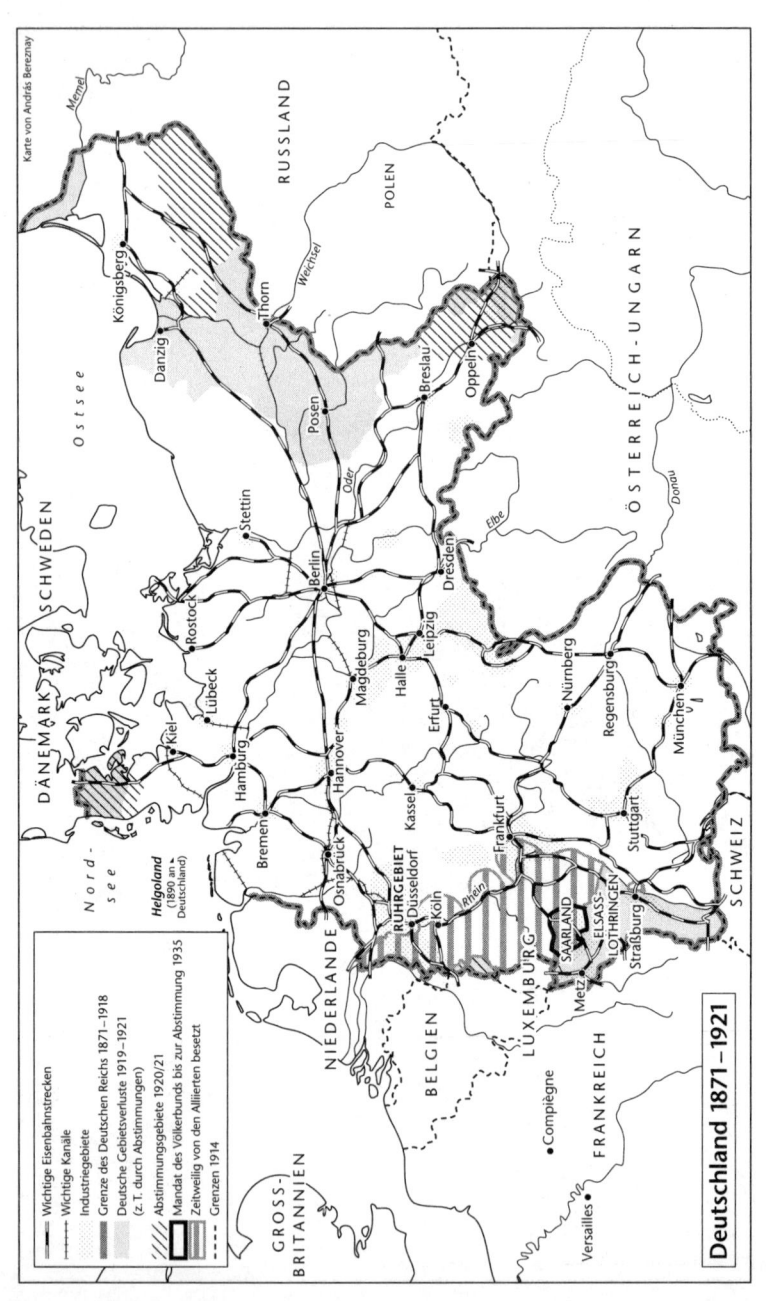

Deutschland 1871–1921

Karte von András Bereznay

Wichtige Eisenbahnstrecken	
Wichtige Kanäle	
Industriegebiete	
Grenze des Deutschen Reichs 1871–1918	
Deutsche Gebietsverluste 1919–1921 (z. T. durch Abstimmungen)	
Abstimmungsgebiete 1920/21	
Mandat des Völkerbunds bis zur Abstimmung 1935	
Zeitweilig von den Alliierten besetzt	
Grenzen 1914	

GROSS-BRITANNIEN

DÄNEMARK

SCHWEDEN

Nord-see

O s t s e e

Memel

Königsberg

Danzig

Thorn

Weichsel

Posen

RUSSLAND

POLEN

Stettin

Oder

Breslau

Oppeln

Helgoland
(1890 an Deutschland)

Kiel

Rostock

Lübeck

Hamburg

Bremen

Berlin

Magdeburg

Elbe

Dresden

Leipzig

Halle

Erfurt

ÖSTERREICH-UNGARN

Donau

NIEDERLANDE

Osnabrück

Hannover

Kassel

RUHRGEBIET

Düsseldorf

Köln

Rhein

Frankfurt

Nürnberg

Regensburg

München

BELGIEN

LUXEMBURG

SAARLAND

Metz

ELSASS-LOTHRINGEN

Straßburg

Stuttgart

SCHWEIZ

Compiègne

FRANKREICH

Versailles

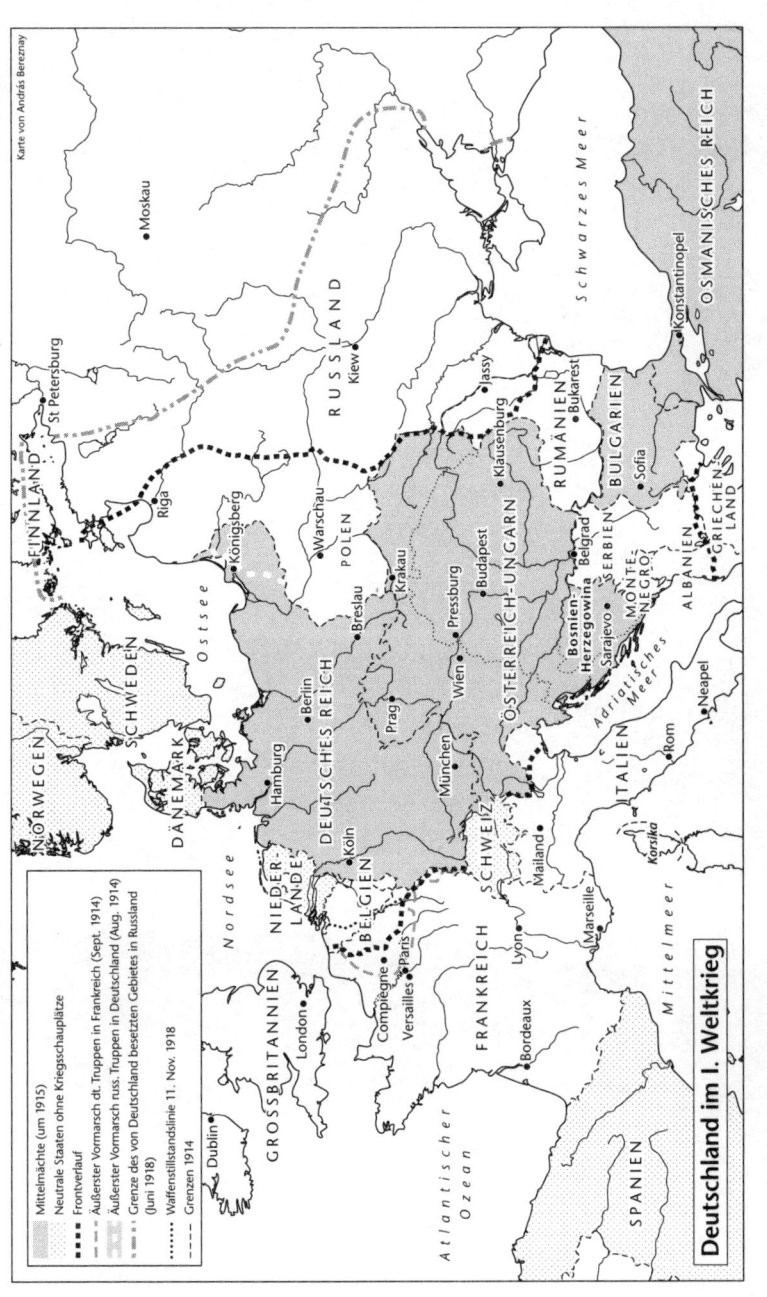

Karte von András Bereznay

Deutschland im I. Weltkrieg

Mittelmächte (um 1915)
Neutrale Staaten ohne Kriegsschauplätze
Frontverlauf
Äußerster Vormarsch dt. Truppen in Frankreich (Sept. 1914)
Äußerster Vormarsch russ. Truppen in Deutschland (Aug. 1914)
Grenze des von Deutschland besetzten Gebietes in Russland (Juni 1918)
Waffenstillstandslinie 11. Nov. 1918
Grenzen 1914

NORWEGEN
FINNLAND
St Petersburg
• Moskau
SCHWEDEN
Ostsee
RUSSLAND
• Riga
Königsberg
• Kiew
GROSSBRITANNIEN
• Dublin
• London
Nordsee
DÄNEMARK
Hamburg •
Warschau •
POLEN
Breslau •
DEUTSCHES REICH
Berlin •
• Krakau
Köln •
NIEDER-LANDE
Prag •
Compiègne •
BELGIEN
Versailles • Paris
München •
Wien •
Pressburg •
Budapest •
ÖSTERREICH-UNGARN
Klausenburg •
• Jassy
RUMÄNIEN
• Bukarest
Atlantischer Ozean
FRANKREICH
• Lyon
SCHWEIZ
Mailand •
Bosnien-Herzegowina
Belgrad •
SERBIEN
Sarajevo •
MONTE-NEGRO
BULGARIEN
• Sofia
Schwarzes Meer
Konstantinopel
OSMANISCHES REICH
• Bordeaux
• Marseille
ITALIEN
• Rom
Adriatisches Meer
ALBANIEN
GRIECHEN-LAND
• Neapel
Korsika
SPANIEN
Mittelmeer

LITERATUR

Beloff, Max: Britain's Liberal Empire. London 1969.

Berghahn, Volker: Der Tirpitz-Plan. Genesis und Verfall einer innenpolitischen Krisenstrategie unter Wilhelm II. Düsseldorf 1971.

Craig, Gordon A.: Deutsche Geschichte 1866–1945. Vom Norddeutschen Bund bis zum Ende des Dritten Reiches. München 1985.

Craig, Gordon A.: Geschichte Europas 1815–1980. Vom Wiener Kongress bis zur Gegenwart. München 1995.

Craig, Gordon A.: Die preußisch-deutsche Armee. Staat im Staate 1648–1945. Düsseldorf 1968.

Dehio, Ludwig: Gleichgewicht oder Hegemonie. Betrachtungen über ein Grundproblem der neueren Staatengeschichte. Krefeld 1948.

Engelberg, Ernst: Bismarck. Urpreuße und Reichsgründer. Berlin 1985.

Erdmann, Karl Dietrich (Hg.): Die Riezler-Tagebücher. München 1996.

Gall, Lothar: Bismarck. Der weiße Revolutionär. Frankfurt/Main 1980.

Gilbert, Sir Martin: Winston S. Churchill. 8 Bde. London/Boston 1966–1988.

Haffner, Sebastian: Churchill. Eine Biografie. München 2001.

Haffner, Sebastian: Winston Churchill. Mit Selbstzeugnissen und Bilddokumenten. Reinbek bei Hamburg o. J.

Haffner, Sebastian: Die sieben Todsünden des Deutschen Reiches. München 1978.

Hildebrand, Klaus: Deutsche Außenpolitik. Stuttgart 1971.

Hillgruber, Andreas: Bismarcks Außenpolitik. Freiburg 1972.

Hoffmann, W. G. et al.: Das Wachstum der deutschen Wirtschaft seit der Mitte des 19. Jahrhunderts. Berlin 1965.

Huber, Ernst Rudolf: Deutsche Verfassungsgeschichte seit 1789. Bde. II–IV. Stuttgart 1960–69.

Kennan, George F.: The Decline of Bismarck's European Order. 1875–1890. Franco-Russian Relations. Princeton 1979.

Kennan, George F.: The Fateful Alliance. Princeton 1984.

Kennedy, Paul: The Rise and Fall of the Great Powers. Economic Change and Military Conflict 1500 to 2000. New York 1987.

Kielmansegg, Peter Graf: Deutschland und der Erste Weltkrieg. Frankfurt/Main 1968.

Kissinger, Henry: Diplomacy. Princeton 1994.

Kocka, Jürgen: Unternehmensverwaltung und Angestelltenschaft am Beispiel Siemens. 1847–1914. Zum Verhältnis von Kapitalismus und Bürokratie in der deutschen Industrialisierung. Stuttgart 1969.

Krockow, Christian Graf von: Churchill. Eine Biographie des 20. Jahrhunderts, Hamburg 1999.

Krockow, Christian Graf von: Deutschland im Ersten Weltkrieg. Oldenburg 1996.

Landes, David S.: Der entfesselte Prometheus. Köln 1973.

Landes, David S.: Wohlstand und Armut der Nationen. Warum die einen reich und die anderen arm sind. Berlin 1999.

Meinecke, Friedrich: Die deutsche Katastrophe. Betrachtungen und Erinnerungen. Wiesbaden 1946.

Nipperdey, Thomas: Deutsche Geschichte. München 1996.

Pipes, Richard: Russland vor der Revolution. München 1977.

Rich, Norman: Friedrich von Holstein. Politics and Diplomacy in the Era of Bismarck and Wilhelm II., 2 Bde., London 1965.

Ritter, Gerhard: Staatskunst und Kriegshandwerk. Das Problem des »Militarismus« in Deutschland. München 1954–68.

Röhl, J.C.G.: Wilhelm II. München 1987.

Schnabel, Franz: Deutsche Geschichte im 19. Jahrhundert. 4 Bde. Freiburg i.Br. 1929–37.

Stadelmann, Rudolf: Soziale und politische Geschichte der Revolution von 1848/49. München 1948.

Stürmer, Michael: Das Ruhelose Reich. Deutschland 1866–1918. Berlin ⁴1994.

Stürmer, M. et al.: Sal. Oppenheim jr. und Cie. Geschichte einer Bank und einer Familie. München 1989.

Taylor, Alan J. P.: The Struggle for Mastery in Europe 1848–1918. Oxford 1954.

Valentin, Veit: Geschichte der deutschen Revolution von 1848–1849. Berlin 1930/31.

Wegener, Wolfgang: The Naval Strategy of the World War (Classics of Sea Power). Annapolis 1989.

Wehler, Hans-Ulrich: Bismarck und der Imperialismus. Köln 1969.

Wilderotter, Hans (Hg.): Walther Rathenau 1867–1922. Ausstellungskatalog des Deutschen Historischen Museums. Berlin 1997.

Personenregister